대한민국 법령 시리즈 528

전기안전관리법

법령
시행령
시행규칙

해광출판사

머리말

이 책은 방대한 법전을 보지 않고 간편하게 해당되는 법령만 참고해서 볼 수 있도록 하였습니다. 공공기관이나 관련 종사자들이 쉽고 간편하게 해당 법령을 참조 할 수 있도록 하였습니다.

특히 해당법률은 물론 관련 시행령, 시행규칙을 함께 실어 관련법을 서로 참고할 수 있게 하였습니다.

법률이라는 것이 크든 작든 항상 변하는 관계로, 출간 이후의 정확하고 최신의 법률은 법제처 국가법령정보센터에서 확인이 가능하니 법률의 실제 적용 시 확인이 필요한 점 유의하기를 바랍니다.

편집부

* 수록 법률은 법제처 국가법령정보센터에서 확인 가능합니다.
* 발행일 기준 시행 법률이므로 최신 법령은 위 센터에서 볼 수 있습니다.
* 본 책자에 수록된 법률의 문구에 대하여 법적인 효력은 없으며,
  실제 적용 법률은 위 센터에서 최신의 법률로 확인하시기 바랍니다.
* 해당 법령과 함께 시행령, 시행규칙도 수록되어 있습니다.
* 발행일 기준으로 개정 예정 법률은 밑줄로 별도 표시되어 있으며,
  보다 정확한 것은 법제처에서 확인하기 바랍니다.

목차

전기안전관리법

[시행 2025. 11. 28.] [법률 제21065호, 2025. 10. 1., 타법개정]

**개정 예정 법률 밑줄 별도 표시.

전기안전관리법

[시행 2025. 11. 28.] [법률 제21065호, 2025. 10. 1., 타법개정]

제1장 총칙

제1조(목적) 이 법은 전기재해의 예방과 전기설비 안전관리에 필요한 사항을 규정함으로써 국민의 생명과 재산을 보호하고 공공의 안전을 확보함을 목적으로 한다.

제2조(정의) 이 법에서 사용하는 용어의 뜻은 다음과 같다. 〈개정 2021. 12. 21.〉

1. "전기안전관리"란 국민의 생명과 재산을 보호하기 위하여 전기설비의 공사·유지·관리 및 운용에 필요한 조치를 하는 것을 말한다.

2. "전기재해"란 전기화재, 감전사고 등으로 인하여 사람의 생명과 재산의 피해가 발생하는 경우를 말한다.

3. "전기사업자"란 「전기사업법」 제2조제2호에 따른 전기사업자를 말한다.

4. "전기판매사업자"란 「전기사업법」 제2조제10호에 따른 전기판매사업자를 말한다.

5. "구역전기사업자"란 「전기사업법」 제2조제12호에 따른 구역전기사업자를 말한다.

6. "전기설비"란 「전기사업법」 제2조제16호에 따른 전기설비를

말한다.

7. “전기사업용전기설비”란 「전기사업법」 제2조제17호에 따른 전기사업용전기설비를 말한다.

8. “일반용전기설비”란 「전기사업법」 제2조제18호에 따른 일반용전기설비를 말한다.

9. “자가용전기설비”란 「전기사업법」 제2조제19호에 따른 자가용전기설비를 말한다.

10. “원격점검”이란 전기설비의 과전압·과전류 및 누설 전류 등을 검출하여 이를 데이터로 수집, 분석 및 전송함으로써 전기설비의 안전 상태 등을 점검하는 것을 말한다.

제3조(국가의 책무) 국가는 국민이 전기재해로부터 안전성을 확보할 수 있도록 전기안전관리에 관한 정책을 수립·시행하여야 한다.

제4조(다른 법률과의 관계) 전기안전관리에 대하여 다른 법률에 특별한 규정이 있는 경우를 제외하고는 이 법에서 정하는 바에 따른다.

제2장 전기안전관리에 관한 기본계획 수립 등

제5조(전기안전관리 기본계획 수립 등) ① 기후에너지환경부장관은 전기재해 예방 등 체계적인 전기안전관리를 위하여 5년마다 전기안전관리에 관한 기본계획(이하 “기본계획”이라 한다)을 수립·시행하여야 한다. 〈개정 2025. 10. 1.〉

② 기본계획에는 다음 각 호의 사항이 포함되어야 한다.

1. 전기안전관리에 관한 중·장기 정책에 관한 사항
2. 전기설비의 안전관리제도 개선에 관한 사항

3. 전기재해 예방을 위한 교육·홍보 및 기술개발에 관한 사항

4. 전기설비의 안전관리를 위한 인력 양성에 관한 사항

5. 사회적 취약계층에 대한 전기안전 복지서비스에 관한 사항

6. 그 밖에 전기설비의 안전관리 수준 향상을 위하여 필요한 사항

③ 기후에너지환경부장관은 기본계획을 수립하거나 변경하려면 미리 관계 중앙행정기관의 장과 협의한 후 「에너지법」 제9조에 따른 에너지위원회의 심의를 거쳐 이를 확정한다. 다만, 대통령령으로 정하는 경미한 사항을 변경하려는 경우에는 그러하지 아니하다. 〈개정 2025. 10. 1.〉

④ 기후에너지환경부장관은 기본계획의 수립·시행을 위하여 필요한 경우 관계 중앙행정기관의 장, 특별시장·광역시장·특별자치시장·도지사·특별자치도지사(이하 "시·도지사"라 한다) 또는 「공공기관의 운영에 관한 법률」 제4조에 따른 공공기관의 장에게 관련 자료의 제출이나 협력을 요청할 수 있다. 이 경우 요청을 받은 자는 특별한 사유가 없으면 이에 따라야 한다. 〈개정 2025. 10. 1.〉

⑤ 기후에너지환경부장관은 기본계획을 수립 또는 변경한 경우에는 관계 중앙행정기관의 장, 시·도지사 및 「공공기관의 운영에 관한 법률」 제4조에 따른 공공기관(전기안전관리에 관한 업무를 수행하는 공공기관에 한정한다)의 장에게 통보하고, 공고(인터넷 게재를 포함한다)하여야 한다. 〈개정 2025. 10. 1.〉

⑥ 제1항부터 제5항까지의 규정에 따른 기본계획의 수립·변경 및 시행에 필요한 사항은 대통령령으로 정한다.

제6조(전기안전자문기구의 설치) ① 기후에너지환경부장관은 전기안전관리 정책을 원활하게 수립·추진하기 위하여 필요한 경우 전기안전관리와 관련된 전문기관·단체 등으로 구성된 자문기구(이하 "전기안전자문기구"라 한다)를 설치·운영할 수 있다. 〈개정 2025. 10. 1.〉

② 기후에너지환경부장관은 전기안전자문기구가 원활하게 운영될 수 있도록 필요한 행정적·재정적 지원을 할 수 있다. 〈개정 2025. 10. 1.〉

③ 전기안전자문기구의 구성 및 운영 등에 필요한 사항은 대통령령으로 정한다.

제7조(전기안전관리 관련 기술의 연구·개발) ① 기후에너지환경부장관은 전기안전관리 관련 기술의 연구·개발이 필요한 경우에는 다음 각 호의 어느 하나에 해당하는 기관이나 단체로 하여금 이를 수행하게 할 수 있다. 〈개정 2025. 10. 1.〉

1. 제30조에 따른 한국전기안전공사(이하 "안전공사"라 한다)
2. 국·공립 연구기관
3. 「고등교육법」에 따른 대학·산업대학·전문대학 및 기술대학
4. 「과학기술분야 정부출연연구기관 등의 설립·운영 및 육성에 관한 법률」에 따라 설립된 연구기관
5. 「기초연구진흥 및 기술개발지원에 관한 법률」 제14조의2제1항에 따라 인정받은 기업부설연구소
6. 「특정연구기관 육성법」 제2조에 따른 특정연구기관
7. 「민법」이나 다른 법률에 따라 설립된 전기안전 분야의 법인 연

구기관 또는 법인 부설 연구소

8. 그 밖에 전기안전에 관한 기술 및 기준을 연구 · 개발하는 기관 또는 단체로서 기후에너지환경부령으로 정하는 기관 또는 단체

② 기후에너지환경부장관은 제1항에 따른 연구 · 개발에 필요한 재정적 지원을 할 수 있다. 〈개정 2025. 10. 1.〉

제7조(전기안전관리 관련 기술의 연구 · 개발) ① 기후에너지환경부장관은 전기안전관리 관련 기술의 연구 · 개발이 필요한 경우에는 다음 각 호의 어느 하나에 해당하는 기관이나 단체로 하여금 이를 수행하게 할 수 있다. 〈개정 2025. 1. 31., 2025. 10. 1.〉

1. 제30조에 따른 한국전기안전공사(이하 "안전공사"라 한다)

2. 국 · 공립 연구기관

3. 「고등교육법」에 따른 대학 · 산업대학 · 전문대학 및 기술대학

4. 「과학기술분야 정부출연연구기관 등의 설립 · 운영 및 육성에 관한 법률」에 따라 설립된 연구기관

5. 「기업부설연구소등의 연구개발 지원에 관한 법률」 제7조제1항에 따라 인정받은 기업부설연구소

6. 「특정연구기관 육성법」 제2조에 따른 특정연구기관

7. 「민법」이나 다른 법률에 따라 설립된 전기안전 분야의 법인 연구기관 또는 법인 부설 연구소

8. 그 밖에 전기안전에 관한 기술 및 기준을 연구 · 개발하는 기관 또는 단체로서 기후에너지환경부령으로 정하는 기관 또는 단체

② 기후에너지환경부장관은 제1항에 따른 연구 · 개발에 필요한 재정적 지원을 할 수 있다. 〈개정 2025. 10. 1.〉

[시행일: 2026. 2. 1.] 제7조

제3장 전기설비의 안전관리

제8조(자가용전기설비의 공사계획의 인가 또는 신고) ① 자가용전기설비의 설치공사 또는 변경공사로서 기후에너지환경부령으로 정하는 공사를 하려는 자는 그 공사계획에 대하여 기후에너지환경부장관의 인가를 받아야 한다. 인가받은 사항을 변경하려는 경우에도 또한 같다. 〈개정 2025. 10. 1.〉

② 제1항에 따라 인가를 받아야 하는 공사 외의 자가용전기설비의 설치 또는 변경공사로서 기후에너지환경부령으로 정하는 공사를 하려는 자는 공사를 시작하기 전에 시·도지사에게 신고하여야 한다. 신고한 사항을 변경하려는 경우에도 또한 같다. 〈개정 2025. 10. 1.〉

③ 제2항 전단에도 불구하고 기후에너지환경부령으로 정하는 저압(低壓)에 해당하는 자가용전기설비의 설치 또는 변경공사의 경우에는 제9조에 따른 사용전검사(使用前檢査) 신청으로 공사계획신고를 갈음할 수 있다. 〈개정 2025. 10. 1.〉

④ 자가용전기설비의 소유자 또는 점유자는 전기설비가 사고·재해 또는 그 밖의 사유로 멸실·파손되거나 전시·사변 등 비상사태가 발생하여 부득이하게 공사를 하여야 하는 경우에는 제1항 및 제2항에도 불구하고 기후에너지환경부령으로 정하는 바에 따라 공사를 시작한 후 지체 없이 그 사실을 기후에너지환경부장관 또는 시·도지사에게 신고하여야 한다. 〈개정 2025. 10. 1.〉

⑤ 제1항에 따른 인가 및 제2항·제4항에 따른 신고에 필요한 사항은 기후에너지환경부령으로 정한다. 〈개정 2025. 10. 1.〉

제9조(사용전검사) 제8조에 따라 자가용전기설비의 설치공사 또는 변경공사를 한 자는 기후에너지환경부령으로 정하는 바에 따라 기후에너지환경부장관 또는 시·도지사가 실시하는 검사에 합격한 후에 이를 사용하여야 한다. 〈개정 2025. 10. 1.〉

제10조(자가용전기설비의 임시사용) ① 기후에너지환경부장관 또는 시·도지사는 제9조에 따른 검사에 불합격한 경우에도 안전상 지장이 없고 자가용전기설비의 임시사용이 필요하다고 인정되는 경우에는 1년의 범위에서 사용 기간 및 방법을 정하여 그 설비를 임시로 사용하게 할 수 있다. 이 경우 기후에너지환경부장관 또는 시·도지사는 그 사용 기간 및 방법을 정하여 통지를 하여야 한다. 〈개정 2025. 10. 1.〉

② 비상용 예비발전기가 완공되지 아니할 경우 등 제1항에 따른 전기설비 임시사용의 허용기준, 1년의 범위에서의 사용기간, 전기설비의 임시사용방법, 그 밖에 필요한 사항은 기후에너지환경부령으로 정한다. 〈개정 2025. 10. 1.〉

제11조(정기검사) ① 전기사업자 및 자가용전기설비의 소유자 또는 점유자는 기후에너지환경부령으로 정하는 전기설비에 대하여 기후에너지환경부령으로 정하는 바에 따라 기후에너지환경부장관 또는 시·도지사로부터 정기적으로 검사를 받아야 한다. 〈개정 2025. 10. 1.〉

② 「전기사업법」 제2조제6호 및 제8호에 따른 송전사업자 및 배전사업자가 같은 법 제65조의2에 따라 자체 검사를 실시한 경우에

는 제1항에 따른 검사를 받은 것으로 본다.

제12조(일반용전기설비의 점검) ① 기후에너지환경부장관은 일반용전기설비가 「전기사업법」 제67조에 따른 기술기준(이하 "기술기준"이라 한다)에 적합한지 여부에 대하여 기후에너지환경부령으로 정하는 바에 따라 그 전기설비의 사용 전과 사용 중에 정기적으로 안전공사로 하여금 점검하도록 하여야 한다. 다만, 주거용 시설물에 설치된 일반용전기설비를 정기적으로 점검(이하 "정기점검"이라 한다)하는 경우 그 소유자 또는 점유자로부터 점검의 승낙을 받을 수 없는 경우에는 그러하지 아니하다. 〈개정 2022. 10. 18., 2025. 10. 1.〉

② 안전공사는 기후에너지환경부장관이 정하여 고시하는 원격점검 기능이 있는 장치(이하 "원격점검장치"라 한다)를 활용하여 일반용전기설비에 대한 원격점검을 실시할 수 있다. 이 경우 기후에너지환경부령으로 정하는 바에 따라 정기점검을 원격점검으로 대체하거나 그 시기를 조정할 수 있다. 〈신설 2021. 12. 21., 2025. 10. 1.〉

③ 안전공사는 제2항에 따른 원격점검 결과가 기술기준에 부합하지 아니한 경우에는 해당 전기설비의 소유자 또는 점유자에게 이를 통지하여야 한다. 〈신설 2021. 12. 21.〉

④ 제3항에 따른 통지를 받은 소유자 또는 점유자가 안전공사에 점검을 요청하는 경우 안전공사는 특별한 사유가 없으면 점검을 실시하여야 한다. 〈신설 2021. 12. 21.〉

⑤ 안전공사는 제1항 본문 또는 제4항에 따른 점검 결과 일반용전기설비가 기술기준에 적합하지 아니하다고 인정되는 경우에는 지체 없이 다음 각 호의 사항을 그 소유자 또는 점유자에게 통지하여

야 한다. 〈개정 2021. 12. 21., 2022. 10. 18.〉

1. 기술기준에 적합하도록 하기 위하여 필요한 조치의 내용

2. 제1호에 따른 조치를 하지 아니하는 경우에 발생할 수 있는 결과

⑥ 안전공사는 정기점검 또는 원격점검 결과 기술기준에 부합하지 아니한 전기설비 중 경미한 수리(「전기공사업법」 제3조제1항 단서에 따른 경미한 전기공사에 한정한다)가 필요한 경우로서 해당 전기설비의 소유자 또는 점유자의 요청이 있는 경우에는 직접 이를 수리할 수 있다. 〈개정 2021. 12. 21.〉

⑦ 안전공사는 제1항, 제4항 또는 제5항에 따른 점검 또는 통지에 관한 업무를 수행하는 경우 기후에너지환경부령으로 정하는 사항을 기록·보존하여야 한다. 〈개정 2021. 12. 21., 2022. 10. 18., 2025. 10. 1.〉

⑧ 안전공사는 제5항에 따라 통지한 사항의 조치 이행 여부를 점검한 결과 그 소유자 또는 점유자가 통지를 받고도 같은 항 제1호의 조치를 하지 아니한 경우에는 특별자치도지사·특별자치시장·시장·군수·구청장(구청장은 자치구의 구청장을 말한다. 이하 "시장·군수·구청장"이라 한다)에게 그 조치 불이행 사실을 통보하여야 한다. 이 경우 시장·군수·구청장은 그 소유자 또는 점유자에게 그 전기설비의 수리·개조 또는 이전에 관한 명령(이하 "개선명령"이라 한다)을 하여야 하되, 전기설비가 기술기준에 적합하지 아니한 사항이 중대하여 시장·군수·구청장의 개선명령을 기다릴 여유가 없다고 인정되는 경우로서 기후에너지환경부령으로 정하는 경우에는 안

전공사가 직접 개선명령을 한 후 이를 시장·군수·구청장에게 통보하여야 한다. 〈개정 2021. 12. 21., 2025. 10. 1.〉

⑨ 시장·군수·구청장은 일반용전기설비의 소유자 또는 점유자가 개선명령(안전공사가 직접 개선명령을 한 경우를 포함한다)을 이행하지 아니하여 전기로 인한 재해가 발생할 우려가 크다고 인정되는 경우에는 기후에너지환경부령으로 정하는 바에 따라 전기판매사업자에게 그 소유자 또는 점유자에 대한 전기의 공급을 정지하여 줄 것을 요청하고 그 개선명령을 이행하지 아니한 내용을 즉시 안전공사에 통보하여야 한다. 이 경우 전기공급의 정지요청을 받은 전기판매사업자는 특별한 사유가 없으면 이에 따라야 한다. 〈개정 2021. 12. 21., 2025. 10. 1.〉

⑩ 안전공사는 제1항에 따른 점검에 필요한 자료를 기후에너지환경부령으로 정하는 바에 따라 전기판매사업자에게 요청할 수 있다. 이 경우 자료요청을 받은 전기판매사업자는 특별한 사유가 없으면 이에 따라야 한다. 〈개정 2021. 12. 21., 2025. 10. 1.〉

⑪ 제1항에 따라 점검을 하는 자는 그 권한을 표시하는 증표를 지니고 이를 관계인에게 내보여야 한다. 〈개정 2021. 12. 21.〉

⑫ 제1항 및 제2항에 따른 점검의 기준·방법과 그 밖에 필요한 사항은 기후에너지환경부령으로 정한다. 〈개정 2021. 12. 21., 2025. 10. 1.〉

⑬ 구역전기사업자에 관하여는 제9항 및 제10항을 준용한다. 이 경우 "전기판매사업자"는 "구역전기사업자"로 본다. 〈개정 2021. 12. 21., 2022. 10. 18.〉

제12조의2(관제센터의 설치ㆍ운영) 기후에너지환경부장관은 원격점검의 효율적 관리를 위하여 원격점검장치와 연결하여 그 측정결과를 전산처리할 수 있는 관제센터를 설치ㆍ운영할 수 있다. 〈개정 2025. 10. 1.〉

[본조신설 2021. 12. 21.]

제13조(여러 사람이 이용하는 시설 등에 대한 전기안전점검) ① 다음 각 호의 시설을 운영하려거나 그 시설을 증축 또는 개축하려는 자는 그 시설을 운영하기 위하여 다음 각 호의 법령에서 규정된 허가신청ㆍ등록신청ㆍ인가신청ㆍ신고(그 시설의 소재지 변경에 따른 변경허가신청ㆍ변경등록신청ㆍ변경인가신청ㆍ변경신고를 포함한다) 또는 「건축법」에 따른 건축물의 사용승인신청을 하기 전에 그 시설에 설치된 전기설비에 대하여 기후에너지환경부령으로 정하는 바에 따라 안전공사로부터 안전점검을 받아야 한다. 〈개정 2025. 10. 1.〉

1. 「청소년활동 진흥법」에 따른 청소년수련시설

2. 「영화 및 비디오물의 진흥에 관한 법률」에 따른 비디오물시청제공업시설, 「게임산업진흥에 관한 법률」에 따른 게임제공업시설ㆍ인터넷컴퓨터게임시설제공업시설 및 「음악산업진흥에 관한 법률」에 따른 노래연습장업시설

3. 「사격 및 사격장 안전관리에 관한 법률」에 따른 사격장 중 대통령령으로 정하는 권총사격장

4. 「체육시설의 설치ㆍ이용에 관한 법률」에 따른 체육시설 중 대통령령으로 정하는 골프 연습장

5. 「의료법」에 따른 안마시술소 또는 안마원

6. 「식품위생법」에 따른 식품접객업 중 대통령령으로 정하는 단란주점영업 및 유흥주점영업의 시설

7. 「영유아보육법」에 따른 어린이집

8. 「유아교육법」에 따른 유치원

9. 그 밖에 전기설비에 대한 안전점검이 필요하다고 인정하는 시설로서 대통령령으로 정하는 시설

② 「문화유산의 보존 및 활용에 관한 법률」에 따른 지정문화유산 및 그 보호구역의 시설에 대하여 같은 법 제35조제1항제1호·제2호에 따른 현상변경(같은 법 제74조에 따라 준용되는 경우를 포함한다. 이하 같다)을 하려는 자는 그 현상변경이 끝난 후 제1항에 따라 기후에너지환경부령으로 정하는 바에 따라 안전공사로부터 안전점검을 받아야 한다. 〈개정 2023. 8. 8., 2025. 10. 1.〉

③ 「자연유산의 보존 및 활용에 관한 법률」에 따른 천연기념물등과 그 보호구역의 시설에 대하여 같은 법 제17조제1항 각 호(제2호 및 제3호는 제외한다)에 따라 보존 및 가치에 영향을 미칠 수 있는 행위(같은 법 제42조에 따라 준용되는 경우를 포함한다)를 하려는 자는 그 행위가 끝난 후 제1항에 따라 기후에너지환경부령으로 정하는 바에 따라 안전공사로부터 안전점검을 받아야 한다. 〈신설 2023. 3. 21., 2024. 2. 6., 2025. 10. 1.〉

④ 안전공사는 제1항부터 제3항까지에 따라 안전점검에 관한 업무를 수행하는 경우 기후에너지환경부령으로 정하는 사항을 기록·보존하여야 한다. 〈개정 2023. 3. 21., 2024. 2. 6., 2025. 10. 1.〉

제14조(공동주택 등의 안전점검) ① 기후에너지환경부장관은 다음

각 호의 시설에 설치된 자가용전기설비에 대하여 기후에너지환경부령으로 정하는 바에 따라 안전공사로 하여금 정기적으로 점검을 하도록 하여야 한다. 〈개정 2025. 10. 1.〉

1. 「주택법」 제2조제3호에 따른 공동주택의 세대

2. 「전통시장 및 상점가 육성을 위한 특별법」 제2조제1호에 따른 전통시장 점포

② 제1항에 따른 안전점검에 관하여는 제12조제2항부터 제12항까지의 규정을 준용한다. 〈개정 2021. 12. 21.〉

제15조(특별안전점검 및 응급조치) ① 기후에너지환경부장관은 다음 각 호의 시설에 설치된 전기설비가 기술기준에 적합한지 여부에 대하여 안전공사로 하여금 특별안전점검을 하게 할 수 있다. 〈개정 2025. 10. 1.〉

1. 태풍·폭설 등의 재난으로 전기사고가 발생하거나 발생할 우려가 있는 시설

2. 장마철·동절기 등 계절적인 요인으로 인한 취약시기에 전기사고가 발생할 우려가 있는 시설

3. 국가 또는 지방자치단체가 화재예방을 위하여 관계 행정기관과 합동으로 안전점검을 하는 경우 그 대상 시설

4. 국가 또는 지방자치단체가 주관하는 행사 관련 시설

② 안전공사는 제1항에 따른 특별안전점검의 결과를 전기설비의 소유자 또는 점유자와 관계 행정기관에 통보하여야 한다.

③ 기후에너지환경부장관은 전기설비(전기사업용전기설비는 제외한다)의 소유자 또는 점유자가 전기사용상의 불편 해소나 안전 확보

에 필요한 응급조치를 요청하는 경우에는 안전공사로 하여금 신속히 응급조치를 하게 할 수 있다. 〈개정 2025. 10. 1.〉

④ 제3항에 따른 응급조치의 대상, 범위 등에 관한 세부사항은 대통령령으로 정한다.

제16조(전기재해 예방을 위한 안전조치) ① 기후에너지환경부장관은 전기재해 예방을 위하여 전기재해가 발생하거나 발생할 우려가 현저하여 긴급히 안전점검이 필요하다고 인정되는 시설에 대하여 소속 공무원 또는 안전공사에 기후에너지환경부령으로 정하는 바에 따라 긴급점검을 하게 할 수 있다. 〈개정 2025. 10. 1.〉

② 기후에너지환경부장관 또는 안전공사는 제1항에 따른 긴급점검 결과를 전기사업자 및 자가용·일반용전기설비 소유자 또는 점유자와 관계 행정기관에 통보하여야 한다. 〈개정 2025. 10. 1.〉

③ 기후에너지환경부장관은 제1항에 따른 긴급점검을 실시한 결과 전기재해 발생으로 인명 또는 재산피해의 우려가 현저하다고 인정되는 시설에 대하여는 기후에너지환경부령으로 정하는 바에 따라 전기사업자 및 자가용·일반용전기설비의 소유자 또는 점유자에게 전기설비의 개수·철거·이전 또는 공사중지, 사용정지, 운용제한, 그 밖의 필요한 조치를 명할 수 있다. 〈개정 2025. 10. 1.〉

④ 기후에너지환경부장관은 제40조제3항에 따른 사고조사 결과가 인명 또는 재산피해의 우려가 현저할 경우에는 제3항에 따른 조치를 명할 수 있다. 〈개정 2025. 10. 1.〉

⑤ 기후에너지환경부장관은 제3항 및 제4항에 따른 명령으로 인하여 손실을 입은 자가 있는 경우에는 대통령령으로 정하는 바에

따라 손실을 보상할 수 있다. 〈개정 2025. 10. 1.〉

제17조(안전등급 지정 등) ① 기후에너지환경부장관 또는 시·도지사는 제11조·제12조·제14조에 따른 검사 및 점검의 결과에 따라 전기설비의 안전등급을 지정하고 해당 전기설비의 소유자 및 점유자에게 통보하여야 한다. 〈개정 2025. 10. 1.〉

② 제1항에도 불구하고 기후에너지환경부장관 또는 시·도지사는 다음 각 호의 어느 하나에 해당하는 경우에는 해당 전기설비의 안전등급을 변경할 수 있다. 이 경우 해당 전기설비의 소유자나 점유자에게 그 변경 사실을 통보하여야 한다. 〈개정 2021. 12. 21., 2025. 10. 1.〉

1. 제12조제5항에 따라 전기설비의 수리·개조 등 필요한 조치를 하여 점검결과 안전등급의 변경이 필요하다고 인정되는 경우

2. 제20조에 따라 전기설비의 수리·개조 등 필요한 조치를 하여 검사결과 등급조정이 필요하다고 인정되는 경우

3. 그 밖에 전기설비의 개보수 등 필요한 조치를 하거나 사고나 재해 등으로 전기설비의 성능이 저하되어 안전등급 조정이 필요한 것으로 기후에너지환경부장관이 인정하는 경우

③ 기후에너지환경부장관 또는 시·도지사는 제1항에 따른 전기설비의 안전등급에 따라 해당 전기설비에 대한 제11조·제12조·제14조에 따른 검사 및 점검의 시기를 조정할 수 있다. 〈개정 2025. 10. 1.〉

④ 제1항부터 제3항까지 규정에 따른 안전등급의 지정대상 및 기준·방법·절차 등에 필요한 사항은 기후에너지환경부령으로 정한

다. <개정 2025. 10. 1.>

제18조(검사 · 점검의 방법 · 절차 등) 기후에너지환경부장관은 전기설비의 안전성 확보를 위하여 제9조, 제11조부터 제15조까지의 규정에 따른 검사 및 점검의 방법 · 절차 등에 대하여 기술기준 등에 따라 필요한 사항을 정하여 고시할 수 있다. <개정 2025. 10. 1.>

제19조(전기설비의 유지) 자가용전기설비 또는 일반용전기설비의 소유자나 점유자는 전기설비를 기술기준에 적합하게 유지하여야 한다.

제20조(적합명령) 기후에너지환경부장관 또는 시 · 도지사는 다음 각 호의 어느 하나에 해당하게 된 경우에는 전기사업자, 자가용전기설비 · 일반용전기설비의 소유자 또는 점유자에게 전기설비의 수리 · 개조 · 이전 또는 사용정지나 사용제한을 명할 수 있다. <개정 2025. 10. 1.>

1. 제9조 또는 제11조에 따른 검사 결과 기술기준에 적합하지 아니한 경우

2. 제15조에 따른 특별안전점검 결과 기술기준에 적합하지 아니한 경우

제21조(정보의 공개) ① 기후에너지환경부장관 또는 시 · 도지사는 대통령령으로 정하는 바에 따라 전기설비의 검사 및 점검 결과 등 전기안전관리에 관한 정보를 「공공기관의 정보공개에 관한 법률」에 따라 제38조의 전기안전종합정보시스템에 공개할 수 있다. <개정 2025. 10. 1.>

② 제1항에 따른 정보공개 대상, 방법, 절차에 필요한 사항은 대통령령으로 정한다.

제21조의2(전기자동차 충전시설의 신고) ① 다음 각 호의 어느 하나에 해당하는 자(이하 "전기자동차 충전시설 관리자"라 한다)는 전기자동차(「환경친화적 자동차의 개발 및 보급 촉진에 관한 법률」 제2조제3호에 따른 전기자동차를 말한다. 이하 같다) 충전시설을 설치 또는 변경하려는 경우에는 관할 시·도지사에게 해당 충전시설의 위치·설치수량·충전규격(충전시설의 전기용량을 포함한다) 등을 신고하여야 한다. 신고한 사항을 변경하려는 경우에도 또한 같다.

1. 「전기사업법」 제2조제12호의5에 따른 전기자동차충전사업자
2. 「환경친화적 자동차의 개발 및 보급 촉진에 관한 법률」 제11조의2에 따라 전기자동차 충전시설을 설치하는 자
3. 그 밖에 전기자동차 충전시설의 안전관리를 위하여 신고할 필요가 있는 자로서 대통령령으로 정하는 자

② 시·도지사는 제1항에 따라 신고 또는 변경신고를 받은 때에는 그 내용을 관할 소방서장 및 안전공사에 통보하여야 한다.

③ 제1항에 따른 신고, 변경신고의 내용·방법·절차 등에 필요한 사항은 기후에너지환경부령으로 정한다. 〈개정 2025. 10. 1.〉

[본조신설 2025. 5. 27.]

제21조의3(손해배상책임 및 보험 가입) ① 전기자동차 충전시설 관리자는 전기자동차 충전시설의 설치·보존 또는 관리로 인한 화재 등으로 타인의 생명·신체나 재산에 손해가 발생한 경우 그 손해를 배상할 책임이 있다.

② 전기자동차 충전시설 관리자는 고의 또는 과실이 없음을 들어 제1항에 따른 손해배상책임을 면할 수 없다.

③ 전기자동차 충전시설 관리자는 제1항에 따른 손해배상책임을 보장하기 위하여 보험에 가입하여야 한다.

④ 제3항에 따른 보험의 종류·보상한도액 및 그 밖에 필요한 사항은 대통령령으로 정한다.

[본조신설 2025. 5. 27.]

제4장 전기안전관리자의 선임 등

제22조(전기안전관리자의 선임 등) ① 전기사업자나 자가용전기설비의 소유자 또는 점유자는 전기설비(휴지 중인 전기설비는 제외한다)의 공사·유지 및 운용에 관한 전기안전관리업무를 수행하게 하기 위하여 기후에너지환경부령으로 정하는 바에 따라 「국가기술자격법」에 따른 전기·기계·토목 분야의 기술자격을 취득한 사람 중에서 각 분야별로 전기안전관리자를 선임하여야 한다. 〈개정 2025. 10. 1.〉

② 제1항에도 불구하고 자가용전기설비의 소유자 또는 점유자는 전기안전관리에 관한 업무를 다음 각 호의 자에게 위탁할 수 있다. 이 경우 안전관리업무를 위탁받은 자는 제1항에 따른 분야별 전기안전관리자를 선임하여야 한다.

1. 전기안전관리업무를 전문으로 하는 자로서 자본금, 기술인력, 장비 등 대통령령으로 정하는 요건을 갖춘 자

2. 시설물관리를 전문으로 하는 자로서 자본금, 기술인력, 장비 등 대통령령으로 정하는 요건을 갖춘 자

③ 제1항에도 불구하고 기후에너지환경부령으로 정하는 규모 이

하의 전기설비(자가용전기설비와 「신에너지 및 재생에너지 개발·이용·보급 촉진법」 제2조제1호 및 제2호에 따른 신에너지와 재생에너지를 이용하여 전기를 생산하는 발전설비만 해당한다)의 소유자 또는 점유자는 다음 각 호의 어느 하나에 해당하는 자에게 기후에너지환경부령으로 정하는 바에 따라 전기안전관리업무를 대행하게 할 수 있고, 전기안전관리업무를 대행하는 자는 전기안전관리자로 선임된 것으로 본다. 다만, 제1호에 따른 안전공사는 격지, 오지 등 기후에너지환경부령으로 정하는 지역으로서 기후에너지환경부장관이 정하는 전기설비에 한정하여 대행할 수 있다. 〈개정 2022. 10. 18., 2025. 10. 1.〉

1. 안전공사

2. 자본금, 기술인력 등 대통령령으로 정하는 요건을 갖춘 전기안전관리대행사업자

3. 전기 분야의 기술자격을 취득한 사람으로서 대통령령으로 정하는 장비를 보유하고 있는 자

④ 제1항부터 제3항까지의 규정에도 불구하고 전기안전관리자를 선임 또는 선임 의제(擬制)하는 것이 곤란하거나 적합하지 아니하다고 인정되는 지역 또는 전기설비에 대하여는 기후에너지환경부령으로 정하는 바에 따라 전기안전관리자를 선임할 수 있다. 〈개정 2025. 10. 1.〉

⑤ 제1항부터 제4항까지의 규정에 따라 전기안전관리자를 선임한 자는 전기안전관리자가 여행·질병이나 그 밖의 사유로 일시적으로 그 직무를 수행할 수 없는 경우에는 그 기간 동안, 전기안전관리자

를 해임한 경우에는 다른 전기안전관리자를 선임하기 전까지 기후에너지환경부령으로 정하는 바에 따라 대행자를 각각 지정하여야 한다. 〈개정 2025. 10. 1.〉

⑥ 제1항부터 제4항까지의 규정에 따른 전기안전관리자의 세부기술자격 및 직무와 제3항에 따라 전기안전관리업무를 대행하는 자가 준수하여야 하는 전기안전관리 대행업무의 범위, 업무량 및 최소점검횟수에 관한 사항은 기후에너지환경부령으로 정한다. 〈개정 2025. 10. 1.〉

⑦ 제3항에 따라 전기안전관리업무를 대행하게 하는 경우의 대가(代價)는 「엔지니어링산업 진흥법」 제31조에 따른 엔지니어링사업의 대가 기준 중에서 기후에너지환경부령으로 정하는 방식에 따라 산정한다. 〈개정 2025. 10. 1.〉

⑧ 제1항에 따라 전기안전관리자를 선임한 자는 기후에너지환경부령으로 정하는 바에 따라 전기안전관리에 필요한 장비를 보유하여야 한다. 〈개정 2025. 10. 1.〉

⑨ 기후에너지환경부장관은 제2항 및 제3항에 따른 계약의 체결에 필요한 표준계약서를 작성하여 보급하고 활용하게 하거나 「전력기술관리법」 제18조제1항에 따른 전력기술인단체 중 기후에너지환경부장관이 정하여 고시하는 단체(이하 “전력기술인단체”라 한다)로 하여금 표준계약서를 작성하여 보급하고 활용하게 할 수 있다. 〈신설 2025. 5. 27., 2025. 10. 1.〉

[시행일: 2028. 4. 1.] 제22조제3항 단서

제23조(전기안전관리자의 선임 및 해임신고 등) ① 제22조제1항부

터 제4항까지의 규정에 따라 전기안전관리자를 선임 또는 해임한 자는 기후에너지환경부령으로 정하는 바에 따라 지체 없이 그 사실을 전력기술인단체에 신고하여야 한다. 신고한 사항 중 기후에너지환경부령으로 정하는 사항이 변경된 경우에도 또한 같다. 〈개정 2025. 5. 27., 2025. 10. 1.〉

② 제1항에 따라 전기안전관리자의 선임신고를 한 자가 선임신고증명서의 발급을 요구한 경우에는 전력기술인단체는 기후에너지환경부령으로 정하는 바에 따라 선임신고증명서를 발급하여야 한다. 〈개정 2025. 10. 1.〉

③ 제1항에 따라 전기안전관리자의 해임신고를 한 자는 해임한 날부터 30일 이내에 다른 전기안전관리자를 선임하여야 한다.

제24조(전기안전관리자의 성실의무 등) ① 전기안전관리자는 제22조제6항에 따른 직무를 성실히 수행하여야 한다.

② 전기사업자 및 자가용전기설비의 소유자 또는 점유자(제22조제2항에 따라 전기안전관리업무를 위탁받은 자를 포함한다)와 그 종업원은 전기안전관리자의 전기안전관리에 관한 의견에 따라야 한다.

③ 전기안전관리자는 기후에너지환경부령으로 정하는 바에 따라 전기안전관리에 관한 기록을 작성·보존 및 제출하여야 한다. 〈개정 2025. 10. 1.〉

④ 전기안전관리자는 전기설비가 기술기준에 적합하지 아니하다고 인정되는 경우에는 지체 없이 해당 전기사업자 및 자가용전기설비의 소유자 또는 점유자에게 그 전기설비의 수리·개조·이전 등 필요한 조치를 요구하여야 한다.

⑤ 전기안전관리자로부터 제4항에 따른 조치요구를 받은 해당 전기사업자 및 자가용전기설비의 소유자 또는 점유자는 지체 없이 이에 따라야 한다. 이 경우 이에 따른 조치요구를 이유로 전기안전관리자를 해임하거나 보수의 지급을 거부하는 등 불이익한 처우를 하여서는 아니 된다.

제25조(전기안전관리자의 교육 등) ① 전기안전관리자 및 「전기공사업법」 제17조에 따른 시공관리책임자(이하 "시공관리책임자"라 한다)는 기후에너지환경부장관이 실시하는 다음 각 호에 따라 교육(이하 "전기안전교육"이라 한다)을 받아야 한다. 〈개정 2025. 10. 1.〉

1. 전기안전관리자: 전기설비의 유지 및 운용에 관한 안전관리교육

2. 시공관리책임자: 전기설비의 공사 및 시공관리에 관한 안전시공교육

② 기후에너지환경부장관은 필요한 경우 이론교육과 실습교육을 병행하여 전기안전교육을 실시할 수 있다. 〈개정 2025. 10. 1.〉

③ 제1항에 따라 전기안전교육을 수료한 전기안전관리자 또는 시공관리책임자에 대하여 교육수료증을 발급할 수 있다.

④ 전기안전관리자를 선임한 자는 정당한 사유 없이 전기안전교육을 받지 아니한 전기안전관리자를 해임하여야 한다.

⑤ 「전기공사업법」 제2조제3호에 따른 공사업자는 정당한 사유 없이 안전시공교육을 받지 아니한 시공관리책임자의 지정을 취소하여야 한다.

⑥ 그 밖에 전기안전교육의 실시에 필요한 사항은 기후에너지환경

부령으로 정한다. 〈개정 2025. 10. 1.〉

제26조(전기안전관리업무를 전문으로 하는 자 등의 등록) ① 제22조제2항 및 제3항에 따라 전기안전관리업무를 위탁받거나 대행하려는 자는 다음 각 호의 구분에 따라 기후에너지환경부장관 또는 시·도지사에게 등록을 하여야 한다. 〈개정 2025. 10. 1.〉

1. 제22조제2항제1호에 따라 전기안전관리업무를 전문으로 하는 자로서 전기안전관리업무를 위탁받으려는 자: 기후에너지환경부장관에게 등록

2. 제22조제2항제2호에 따라 시설물관리를 전문으로 하는 자로서 전기안전관리업무를 위탁받으려는 자: 기후에너지환경부장관에게 등록

3. 제22조제3항제2호에 따라 전기안전관리대행사업자로서 안전관리업무를 대행하려는 자: 시·도지사에게 등록

4. 제22조제3항제3호에 따라 전기 분야의 기술자격을 취득한 사람으로서 안전관리업무를 대행하려는 자: 시·도지사에게 등록

② 제1항에 따라 등록한 사항 중 기후에너지환경부령으로 정하는 사항이 변경된 경우에는 변경 사유가 발생한 날부터 30일 이내에 변경등록을 하여야 한다. 〈개정 2025. 10. 1.〉

③ 기후에너지환경부장관 또는 시·도지사는 제1항 및 제2항에 따라 등록이나 변경등록을 받은 경우에는 등록신청자에게 등록증을 발급하여야 한다. 〈개정 2025. 10. 1.〉

제27조(등록의 결격사유 및 취소 등) ① 다음 각 호의 어느 하나에 해당하는 자는 제26조제1항에 따른 등록을 할 수 없다.

1. 피성년후견인

2. 파산선고를 받고 복권되지 아니한 자

3. 이 법을 위반하여 징역 이상의 실형을 선고받고 그 집행이 종료(집행이 종료된 것으로 보는 경우를 포함한다)되거나 집행이 면제된 날부터 2년이 지나지 아니한 자

4. 이 법을 위반하여 징역 이상의 형의 집행유예를 선고받고 그 유예기간 중에 있는 자

5. 제2항에 따라 등록이 취소(제1호 또는 제2호의 결격사유에 해당하여 등록이 취소된 경우는 제외한다)된 날부터 2년이 지나지 아니한 자(법인인 경우 그 등록취소의 원인이 된 행위를 한 자와 대표자를 포함한다)

6. 대표자가 제1호부터 제5호까지의 어느 하나에 해당하는 법인

② 기후에너지환경부장관 또는 시ㆍ도지사는 제26조제1항에 따라 각각 등록한 자가 다음 각 호의 어느 하나에 해당하는 경우에는 그 등록을 취소하거나 기후에너지환경부령으로 정하는 바에 따라 6개월 이내의 기간을 정하여 업무의 전부 또는 일부의 정지를 명할 수 있다. 다만, 제1호에 해당하는 경우에는 그 등록을 취소하여야 한다. 〈개정 2025. 10. 1.〉

1. 거짓이나 그 밖의 부정한 방법으로 등록한 경우

2. 제22조제2항, 제22조제3항제2호 및 제3호에 따른 대통령령으로 정하는 요건에 미달한 날부터 1개월이 지난 경우

3. 제22조제6항에 따른 전기안전관리 대행업무의 범위 및 업무량을 넘거나 최소점검횟수에 미달한 경우

4. 제26조제3항에 따라 발급받은 등록증을 다른 사람에게 빌려

준 경우

5. 제1항 각 호의 어느 하나에 해당하게 된 경우(제1항제6호에 해당하게 된 법인이 그 대표자를 6개월 이내에 결격사유가 없는 다른 대표자로 바꾸어 임명하는 경우는 제외한다)

제28조(청문) 기후에너지환경부장관 또는 시·도지사는 제27조제2항에 따라 등록을 취소하려면 청문을 하여야 한다. 〈개정 2025. 10. 1.〉

제29조(전기안전관리업무에 대한 실태조사 등) ① 기후에너지환경부장관은 매년 1회 이상 전기안전관리업무에 대한 실태조사를 실시하여야 한다. 〈개정 2025. 10. 1.〉

② 기후에너지환경부장관은 제1항에 따른 실태조사 결과 전기안전관리에 필요하다고 인정될 때에는 전기설비의 소유자 또는 점유자에게 전기설비의 안전관리에 관하여 개선을 권고하거나 시정을 명할 수 있다. 〈개정 2025. 10. 1.〉

③ 시·도지사는 전기안전관리업무 수행에 관한 사항을 점검하기 위하여 필요하다고 인정하면 제22조제2항 또는 같은 조 제3항제2호 및 제3호에 따라 전기안전관리업무를 위탁받아 수행하거나 대행하는 자(이하 이 조에서 "대행자등"이라 한다)에 대하여 필요한 자료의 제출을 명하거나, 소속 공무원으로 하여금 대행자등의 사업장 또는 대행자등이 전기안전관리업무를 수행하는 전기설비의 설치장소에 출입하여 장부·서류나 그 밖의 자료 또는 물건을 조사하게 할 수 있다.

④ 기후에너지환경부장관 또는 시·도지사는 제1항 및 제3항에

따른 조사를 하는 경우에는 조사 7일 전까지 조사 일시, 조사 이유 및 조사 내용을 포함한 조사계획을 조사대상자에게 알려야 한다. 다만, 긴급한 경우나 사전에 알리면 증거인멸 등으로 조사목적을 달성할 수 없다고 인정하는 경우에는 그러하지 아니하다. 〈개정 2025. 10. 1.〉

⑤ 제1항 및 제3항에 따라 출입·조사하는 자는 그 권한을 표시하는 증표를 지니고 이를 관계인에게 내보여야 하며, 조사 시 그 조사의 일시·목적 등을 기록한 서류를 관계인에게 내주어야 한다.

⑥ 제1항에 따른 실태조사의 대상, 시기 등에 관하여 필요한 사항은 대통령령으로 정한다.

제5장 한국전기안전공사

제30조(한국전기안전공사의 설립) ① 전기로 인한 재해를 예방하기 위하여 전기안전에 관한 조사·연구·기술개발 및 홍보업무와 전기설비에 대한 검사·점검업무를 수행하는 한국전기안전공사를 설립한다.

② 안전공사는 법인으로 한다.

③ 안전공사는 주된 사업소의 소재지에서 설립등기를 함으로써 성립한다.

제31조(안전공사의 운영 등) 안전공사의 운영에 필요한 경비는 다음 각 호의 재원으로 충당한다.

1. 제42조제1항제1호에 따른 검사 또는 같은 항 제2호에 따른 점검을 받으려는 자가 내는 수수료

2. 「재난 및 안전관리 기본법」에 따른 재난관리책임기관이 재난예

방을 위하여 부담하는 재난예방점검비용 등

3. 「전기사업법」 제48조에 따른 전력산업기반기금에서의 출연금

4. 차입금 및 그 밖의 수입

제32조(임원) ① 안전공사의 임원은 사장 1명, 이사 8명 이내와 감사 1명으로 한다.

② 사장은 안전공사를 대표하고, 그 사무를 총괄한다.

제33조(사업) 안전공사는 다음 각 호의 사업을 한다. 〈개정 2025. 10. 1.〉

1. 전기안전에 관한 조사 및 연구

2. 전기안전에 관한 기술개발 및 보급

3. 전기안전에 관한 전문교육 및 정보의 제공

4. 전기안전에 관한 홍보

5. 전기설비에 대한 검사·점검 및 기술지원

6. 제40조제3항에 따른 전기사고의 원인·경위 등의 조사

7. 제41조제3항에 따른 전기재해에 관한 통계의 조사·작성·분석 및 관리

8. 전기안전에 관한 국제기술협력 및 기술·용역의 수출

9. 전기안전을 위하여 기후에너지환경부장관 또는 시·도지사가 위탁하는 사업

10. 전기설비의 안전진단과 그 밖에 전기안전관리를 위하여 필요한 사업

제34조(다른 법률과의 관계) 안전공사에 관하여 이 법 및 「공공기관의 운영에 관한 법률」에 규정된 것을 제외하고는 「민법」 중 재단법

인에 관한 규정을 준용한다.

제35조(감독) 기후에너지환경부장관은 안전공사의 업무 중 다음 각 호의 어느 하나에 해당하는 사항에 관련되는 업무에 대하여 지도·감독한다. 〈개정 2025. 10. 1.〉

1. 제33조에 따른 사업의 수행에 관한 사항

2. 토지·건물 등 안전공사의 주요 기본재산의 매각, 취득, 양도 또는 담보제공

3. 그 밖에 다른 법령에서 정하는 사항

제36조(유사명칭의 사용 금지) 이 법에 따른 안전공사가 아닌 자는 한국전기안전공사 또는 이와 유사한 명칭을 사용하지 못한다.

제37조(비밀 유지의 의무) 안전공사의 임직원이나 그 직에 있었던 사람은 직무와 관련하여 알게 된 비밀을 누설 또는 도용하거나 다른 사람이 이용하게 하여서는 아니 된다.

제6장 보칙

제38조(전기안전종합정보시스템의 구축·운영 등) ① 기후에너지환경부장관은 전기안전관리에 관한 정보를 체계적으로 관리하기 위하여 전기안전종합정보시스템을 구축·운영할 수 있다. 〈개정 2025. 10. 1.〉

② 기후에너지환경부장관은 전기안전종합정보시스템을 구축·운영하기 위하여 필요한 경우에는 관계 중앙행정기관의 장, 시·도지사, 시장·군수·구청장, 「공공기관의 운영에 관한 법률」 제4조에 따른 공공기관의 장 및 전기 관련 협회의 장 등에게 필요한 자료의 제공

을 요청할 수 있다. 이 경우 요청을 받은 자는 특별한 사유가 없으면 이에 따라야 한다. 〈개정 2025. 10. 1.〉

③ 제1항에 따른 전기안전종합정보시스템의 구축·운영에 필요한 사항은 대통령령으로 정한다.

제39조(보고) ① 기후에너지환경부장관은 기후에너지환경부령으로 정하는 바에 따라 전기설비의 검사·점검현황 등 전기안전에 관한 사항을 시·도지사, 시장·군수·구청장, 안전공사, 전기판매사업자 및 구역전기사업자로 하여금 보고하게 할 수 있다. 〈개정 2025. 10. 1.〉

② 시·도지사는 기후에너지환경부령으로 정하는 바에 따라 전기안전관리자의 선임 및 해임에 관한 사항을 전력기술인단체로 하여금 보고하게 할 수 있다. 〈개정 2025. 10. 1.〉

제40조(중대한 사고의 통보·조사) ① 전기사업자 및 자가용전기설비의 소유자 또는 점유자는 그가 운용하는 전기설비로 인하여 기후에너지환경부령으로 정하는 중대한 사고가 발생한 경우에는 기후에너지환경부령으로 정하는 바에 따라 기후에너지환경부장관에게 통보하여야 한다. 〈개정 2025. 10. 1.〉

② 「전기사업법」 제35조에 따른 한국전력거래소는 전력계통의 운영과 관련하여 기후에너지환경부령으로 정하는 중대한 사고가 발생한 경우에는 기후에너지환경부령으로 정하는 바에 따라 기후에너지환경부장관에게 통보하여야 한다. 〈개정 2025. 10. 1.〉

③ 기후에너지환경부장관은 전기사고의 재발방지를 위하여 필요하다고 인정하는 경우에는 다음 각 호의 자로 하여금 대통령령으로

정하는 전기사고의 원인·경위 등에 관한 조사를 하게 할 수 있다. 〈개정 2025. 10. 1.〉

1. 안전공사

2. 기후에너지환경부령으로 정하는 기술인력 및 장비 등을 갖춘 자 중 기후에너지환경부장관이 지정한 자

제41조(전기재해통계의 작성) ① 기후에너지환경부장관은 전기안전관리 정책을 효과적으로 수립·시행하기 위하여 대통령령으로 정하는 바에 따라 전기재해에 관한 통계를 작성·관리할 수 있다. 〈개정 2025. 10. 1.〉

② 제1항에 따라 통계의 작성에 관하여 이 법에서 규정한 것 이외에는 「통계법」을 준용한다.

③ 기후에너지환경부장관은 안전공사 또는 전문성을 갖춘 기관을 지정하여 제1항에 따른 통계의 조사·작성·분석 및 관리에 관한 업무의 전부 또는 일부를 수행하게 할 수 있다. 〈개정 2025. 10. 1.〉

제42조(수수료 등) ① 다음 각 호의 어느 하나에 해당하는 자는 기후에너지환경부령으로 정하는 바에 따라 수수료를 내야 한다. 〈개정 2025. 10. 1.〉

1. 제9조 및 제11조에 따른 검사를 받으려는 자

2. 제13조에 따른 전기안전점검을 받으려는 자

3. 제23조제2항에 따른 전기안전관리자의 선임신고증명서를 발급받으려는 자

4. 제26조제2항에 따른 변경등록을 하려는 자(변경사항이 기술인

력인 경우만 해당한다)

② 다음 각 호의 어느 하나에 해당하는 사람은 기후에너지환경부령으로 정하는 바에 따라 교육비를 내야 한다. 〈개정 2025. 10. 1.〉

1. 제25조제1항제1호에 따라 전기안전관리자의 안전관리교육을 받으려는 사람

2. 제25조제1항제2호에 따라 시공관리책임자의 안전시공교육을 받으려는 사람

제43조(권한의 위임 · 위탁) ① 이 법에 따른 기후에너지환경부장관의 권한은 그 일부를 대통령령으로 정하는 바에 따라 그 소속 기관 또는 시 · 도지사에게 위임할 수 있다. 〈개정 2025. 10. 1.〉

② 이 법에 따른 기후에너지환경부장관 또는 시 · 도지사의 권한 중 다음 각 호의 업무의 전부 또는 일부를 대통령령으로 정하는 바에 따라 안전공사에 위탁할 수 있다. 〈개정 2021. 12. 21., 2025. 10. 1.〉

1. 제8조제2항에 따른 자가용전기설비의 공사계획의 신고 및 변경신고의 접수

2. 제9조 및 제11조에 따른 전기설비의 검사

3. 제10조에 따른 자가용전기설비의 임시사용의 허용

3의2. 제12조의2에 따른 관제센터의 설치 · 운영

4. 제38조에 따른 전기안전종합정보시스템의 구축 · 운영

③ 이 법에 따른 기후에너지환경부장관 또는 시 · 도지사의 권한 중 다음 제1호 및 제3호의 업무는 대통령령으로 정하는 바에 따라 전력기술인단체에, 제2호의 업무는 대통령령으로 정하는 바에 따라

「전기공사업법」 제25조제1항에 따른 공사업자단체(이하 "공사업자단체"라 한다)에 위탁할 수 있다. 〈개정 2025. 10. 1.〉

1. 제25조제1항제1호에 따른 안전관리교육

2. 제25조제1항제2호에 따른 안전시공교육

3. 제26조제2항에 따른 전기안전관리업무를 전문으로 하는 자, 시설물관리를 전문으로 하는 자 및 전기안전관리대행사업자의 변경등록(변경사항이 기술인력인 경우만 해당한다)

제44조(관리 · 감독) ① 기후에너지환경부장관 또는 시 · 도지사는 전력기술인단체 또는 공사업자단체의 수탁사무의 처리가 위법하거나 부당하다고 판단되는 경우 등 필요하다고 인정될 때에는 위탁사무에 관하여 필요한 지시를 하거나 시정을 명할 수 있다. 〈개정 2025. 10. 1.〉

② 기후에너지환경부장관은 전력기술인단체 또는 공사업자단체가 제1항에 따른 명령을 위반한 경우 위탁을 취소하거나 6개월 이내의 기간을 정하여 업무정지를 명할 수 있다. 〈개정 2025. 10. 1.〉

③ 기후에너지환경부장관은 전력기술인단체 또는 공사업자단체가 제2항에 해당하는 경우로서 그 업무정지가 전기안전관리자 또는 시공관리책임자에게 심한 불편을 주거나 그 밖에 공공의 이익을 해칠 우려가 있는 경우에는 업무정지 명령을 갈음하여 5천만원 이하의 과징금을 부과할 수 있다. 〈개정 2025. 10. 1.〉

④ 제2항에 따른 위반행위별 처분기준과 제3항에 따른 과징금의 부과기준은 기후에너지환경부령으로 정한다. 〈개정 2025. 10. 1.〉

⑤ 기후에너지환경부장관은 제3항에 따른 과징금을 내야할 자가

납부기한까지 이를 내지 아니하면 국세 체납처분의 예에 따라 징수할 수 있다. 〈개정 2025. 10. 1.〉

제45조(벌칙 적용에서 공무원 의제) 기후에너지환경부장관 또는 시·도지사가 제43조제2항 및 제3항에 따라 위탁한 업무에 종사하는 안전공사, 단체의 임직원은 「형법」 제129조부터 제132조까지의 규정을 적용할 때에는 공무원으로 본다. 〈개정 2025. 10. 1.〉

제7장 벌칙

제46조(벌칙) 다음 각 호의 어느 하나에 해당하는 자는 2년 이하의 징역 또는 2천만원 이하의 벌금에 처하거나 이를 병과할 수 있다.

1. 제16조제3항 또는 제4항에 따른 명령을 정당한 사유 없이 위반한 자
2. 제37조를 위반하여 직무와 관련하여 알게 된 비밀을 누설 또는 도용하거나 다른 사람으로 하여금 이용하게 한 자

제47조(벌칙) 다음 각 호의 어느 하나에 해당하는 자는 1년 이하의 징역 또는 1천만원 이하의 벌금에 처한다.

1. 제8조제1항을 위반하여 전기설비의 설치공사 또는 변경공사를 한 자
2. 제22조제3항 각 호의 어느 하나에 해당하지 아니하는 자로서 전기안전관리업무를 대행한 자
3. 제26조제1항제1호부터 제3호까지의 규정에 따른 등록을 하지 아니하거나 같은 조 제2항에 따른 변경등록을 하지 아니하고 전기안전관리업무를 수행한 자

4. 거짓이나 그 밖의 부정한 방법으로 제26조제1항제1호부터 제3호까지의 규정에 따른 등록을 하거나 같은 조 제2항에 따른 변경등록을 한 자

제48조(벌칙) 제22조제1항부터 제4항까지의 규정을 위반하여 전기안전관리자를 선임하지 아니한 자는 500만원 이하의 벌금에 처한다.

제49조(벌칙) 다음 각 호의 어느 하나에 해당하는 자는 300만원 이하의 벌금에 처한다.

1. 제9조에 따른 검사에 합격하지 아니하고 전기설비를 사용한 자. 다만, 제10조에 따른 임시사용의 통지를 받은 경우는 제외한다.

2. 제20조(전기사업용전기설비 및 자가용전기설비의 소유자 또는 점유자만 해당한다)에 따른 명령을 위반한 자

제50조(벌칙) 제11조에 따른 검사를 거부·방해 또는 기피한 자는 100만원 이하의 벌금에 처한다.

제51조(양벌규정) 법인의 대표자나 법인 또는 개인의 대리인, 사용인, 그 밖의 종업원이 그 법인 또는 개인의 업무에 관하여 제46조부터 제50조까지의 어느 하나에 해당하는 위반행위를 하면 그 행위자를 벌하는 외에 그 법인 또는 개인에게도 해당 조문의 벌금형을 과(科)한다. 다만, 법인 또는 개인이 그 위반행위를 방지하기 위하여 해당 업무에 관하여 상당한 주의와 감독을 게을리 하지 아니한 경우에는 그러하지 아니하다.

제52조(과태료) ① 다음 각 호의 어느 하나에 해당하는 자에게는 300만원 이하의 과태료를 부과한다. 〈개정 2021. 12. 21., 2025. 5. 27., 2025. 7. 22.〉

1. 제12조제8항(제14조제2항에서 준용하는 경우를 포함한다)에 따른 시장·군수·구청장 또는 안전공사의 개선명령을 위반한 자

1의2. 제13조제1항부터 제3항까지에 따른 전기안전점검을 받지 아니한 자

2. 제20조에 따라 일반용전기설비의 소유자 또는 점유자에게 내린 명령을 위반한 자

2의2. 제21조의3제3항을 위반하여 보험에 가입하지 아니한 자

3. 제22조제5항을 위반하여 전기안전관리자의 대행자를 지정하지 아니한 자

4. 제22조제6항에 따른 전기안전관리 대행업무의 범위 및 업무량을 넘거나 최소점검횟수에 미달하여 전기안전관리업무를 대행한 자

5. 제24조제3항에 따른 기록을 하지 아니하거나 거짓으로 기록한 자 또는 기록을 보존·제출하지 아니한 자

6. 제25조제3항을 위반하여 전기안전교육을 수료하지 않은 사람에게 교육수료증을 발급한 자

7. 제26조제2항의 변경등록 중 기술인력 변경등록을 거짓이나 부정한 방법으로 처리한 자

8. 제29조제3항에 따른 자료의 제출명령을 거부하거나, 장부·서류나 그 밖의 자료 또는 물건의 조사를 거부·방해 또는 기피한 자

9. 제36조를 위반하여 한국전기안전공사 또는 이와 유사한 명칭을 사용한 자

10. 제40조제1항 또는 제2항에 따른 통보를 하지 아니한 자

② 다음 각 호의 어느 하나에 해당하는 자에게는 100만원 이하의

과태료를 부과한다. 〈개정 2021. 12. 21., 2023. 3. 21., 2024. 2. 6., 2025. 5. 27.〉

1. 제8조제2항을 위반하여 전기설비의 설치공사 또는 변경공사를 한 자

2. 제12조제1항 및 제14조제1항에 따른 점검(주거용 시설물에 설치된 전기설비에 대한 점검은 제외한다)을 거부·방해 또는 기피한 자

3. 제12조제7항(제14조제2항에서 준용하는 경우를 포함한다) 또는 제13조제4항에 따른 기록을 하지 아니하거나 거짓 기록을 한 자 또는 기록을 보존하지 아니한 자

3의2. 제21조의2제1항을 위반하여 전기자동차 충전시설의 신고 또는 변경신고를 하지 아니한 자

4. 제22조제8항을 위반하여 안전관리에 필요한 장비를 보유하지 아니한 자

5. 제23조제1항에 따른 전기안전관리자의 선임 또는 해임 신고를 하지 아니하거나 거짓으로 선임 신고를 한 자

6. 제24조제4항을 위반하여 필요한 조치를 요구하지 아니한 전기안전관리자

7. 제24조제5항을 위반하여 전기안전관리자의 조치요구를 따르지 않거나, 조치요구를 이유로 전기안전관리자에게 불이익한 처우를 한 전기사업자 및 자가용전기설비의 소유자 또는 점유자

8. 제25조제1항제1호를 위반하여 안전관리교육을 받지 아니한 사람

9. 제25조제1항제2호를 위반하여 안전시공교육을 받지 아니한 사람

10. 제25조제4항을 위반하여 전기안전교육을 받지 아니한 사람을 해임하지 아니한 자

11. 제25조제5항을 위반하여 안전시공교육을 받지 아니한 사람의 시공관리책임자 지정을 취소하지 아니한 자

12. 제26조제1항제4호에 따른 등록을 하지 아니하거나 같은 조 제2항에 따른 변경등록을 하지 아니하고 전기안전관리업무를 수행한 자

③ 제1항 및 제2항에 따른 과태료는 대통령령으로 정하는 바에 따라 기후에너지환경부장관, 시ㆍ도지사 또는 시장ㆍ군수ㆍ구청장이 부과ㆍ징수한다. 〈개정 2025. 10. 1.〉

부칙 〈제17171호, 2020. 3. 31.〉

제1조(시행일) 이 법은 공포 후 1년이 경과한 날부터 시행한다. 다만, 제22조제3항 단서는 공포 후 8년이 경과한 날부터 시행하고, 제22조제8항 및 제52조제2항제4호는 공포 후 2년이 경과한 날부터 시행한다.

제2조(벌칙 및 과태료에 관한 경과조치) 이 법 시행 전의 행위에 대하여 벌칙이나 과태료를 적용할 때에는 종전의 「전기사업법」의 규정에 따른다.

제3조(시설물관리를 전문으로 하는 자의 등록에 관한 경과조치) 이 법 시행 당시 「전기사업법」 제73조제2항제2호에 따라 전기안전관리업무를 수행한 자는 제26조제1항제2호에 따른 등록을 한 것으로 본

다. 다만, 이 법 시행 후 1년 이내에 제22조제2항제2호에 따른 요건을 갖추고 변경등록을 하여야 한다.

제4조(전기 분야의 기술자격을 취득한 사람의 등록에 관한 경과조치) 이 법 시행 당시 「전기사업법」 제73조제3항제3호에 따라 전기안전관리 대행업무를 수행한 자는 제26조제1항제4호에 따른 등록을 한 것으로 본다. 다만, 이 법 시행 후 1년 이내에 제22조제3항제3호에 따른 요건을 갖추고 변경등록을 하여야 한다.

제5조(시공관리책임자 지정에 대한 경과조치) 이 법 시행 당시 「전기공사업법」 제17조에 따라 시공관리책임자로 지정된 자는 제25조제1항제2호에 따른 안전시공교육을 받은 것으로 본다. 다만, 이 법 시행 후 1년 이내에 안전시공교육을 받아야 한다.

제6조(다른 법률의 개정) ① 갯벌 및 그 주변지역의 지속가능한 관리와 복원에 관한 법률 일부를 다음과 같이 개정한다.

제23조제1항제8호 중 "같은 법 제62조"를 "「전기안전관리법」 제8조"로 한다.

② 건축물관리법 일부를 다음과 같이 개정한다.

제7조제3항제6호 및 제20조제2항제6호 중 "「전기사업법」 제66조"를 각각 "「전기안전관리법」 제12조"로 한다.

③ 건축법 일부를 다음과 같이 개정한다.

제11조제5항제14호 중 "「전기사업법」 제62조"를 "「전기안전관리법」 제8조"로 한다.

제22조제4항제5호 중 "「전기사업법」 제63조"를 "「전기안전관리법」 제9조"로 한다.

④ 경제자유구역의 지정 및 운영에 관한 특별법 일부를 다음과 같이 개정한다.

제11조제1항제11호 중 “같은 법 제62조”를 “「전기안전관리법」 제8조”로 한다.

⑤ 고도 보존 및 육성에 관한 특별법 일부를 다음과 같이 개정한다.

제12조제1항제15호 중 “같은 법 제62조”를 “「전기안전관리법」 제8조”로 한다.

⑥ 공공주택 특별법 일부를 다음과 같이 개정한다.

제18조제1항제27호 중 “「전기사업법」 제62조”를 “「전기안전관리법」 제8조”로 한다.

⑦ 공유수면 관리 및 매립에 관한 법률 일부를 다음과 같이 개정한다.

제39조제1항제15호 및 제44조제3항제2호 중 “「전기사업법」 제62조”를 각각 “「전기안전관리법」 제8조”로 한다.

⑧ 국가통합교통체계효율화법 일부를 다음과 같이 개정한다.

제65조제1항제9호 중 “「전기사업법」 제62조”를 “「전기안전관리법」 제8조”로 하고, 같은 조 제3항제6호 중 “「전기사업법」 제63조”를 “「전기안전관리법」 제9조”로 한다.

⑨ 국방·군사시설 사업에 관한 법률 일부를 다음과 같이 개정한다.

제7조제1항제17호 중 “「전기사업법」 제62조”를 “「전기안전관리법」 제8조”로 한다.

⑩ 기업도시개발 특별법 일부를 다음과 같이 개정한다.

제13조제1항제25호 중 "같은 법 제62조"를 "「전기안전관리법」 제8조"로 한다.

⑪ 기업활동 규제완화에 관한 특별조치법 일부를 다음과 같이 개정한다.

제29조제2항제9호 및 같은 조 제3항제2호 중 "「전기사업법」 제73조"를 각각 "「전기안전관리법」 제22조"로 한다.

제30조제2항제2호 중 "「전기사업법」 제73조"를 "「전기안전관리법」 제22조"로 한다.

제31조제1항제2호 중 "「전기사업법」 제73조"를 "「전기안전관리법」 제22조"로 한다.

제35조 전단 중 "같은 법 제73조"를 "「전기안전관리법」 제22조"로 한다.

제47조제1항제3호 중 "제63조부터 제65조까지의 규정"을 "제63조 및 제64조"로 하고, 같은 항에 제3호의2를 다음과 같이 신설한다.

3의2.「전기안전관리법」 제9조부터 제11조까지의 규정

⑫ 노후거점산업단지의 활력증진 및 경쟁력강화를 위한 특별법 일부를 다음과 같이 개정한다.

제15조제1항제18호 중 "「전기사업법」 제62조"를 "「전기안전관리법」 제8조"로 한다.

⑬ 농어촌마을 주거환경 개선 및 리모델링 촉진을 위한 특별법 일부를 다음과 같이 개정한다.

제17조제1항제20호 중 "「전기사업법」 제62조"를 "「전기안전관리

법」 제8조”로 한다.

⑭ 농어촌정비법 일부를 다음과 같이 개정한다.

제106조제2항제24호 중 “같은 법 제62조”를 “「전기안전관리법」 제8조”로 한다.

⑮ 농업인등의 농외소득 활동 지원에 관한 법률 일부를 다음과 같이 개정한다.

제11조제3항제4호 중 “「전기사업법」 제63조”를 “「전기안전관리법」 제9조”로 한다.

⑯ 도시 및 주거환경정비법 일부를 다음과 같이 개정한다.

제57조제1항제17호 중 “「전기사업법」 제62조”를 “「전기안전관리법」 제8조”로 한다.

⑰ 도시재생 활성화 및 지원에 관한 특별법 일부를 다음과 같이 개정한다.

제49조제1항제25호 중 “같은 법 제62조”를 “「전기안전관리법」 제8조”로 한다.

⑱ 도시철도법 일부를 다음과 같이 개정한다.

제8조제1항제17호 중 “같은 법 제62조”를 “「전기안전관리법」 제8조”로 한다.

⑲ 동·서·남해안 및 내륙권 발전 특별법 일부를 다음과 같이 개정한다.

제15조제1항제37호 중 “같은 법 제62조”를 “「전기안전관리법」 제8조”로 한다.

⑳ 마리나항만의 조성 및 관리 등에 관한 법률 일부를 다음과 같

이 개정한다.

제16조제1항제19호 중 “「전기사업법」 제62조”를 “「전기안전관리법」 제8조”로 한다.

㉑ 무역거래기반 조성에 관한 법률 일부를 다음과 같이 개정한다.

제15조제1항제3호 중 “「전기사업법」 제62조”를 “「전기안전관리법」 제8조”로 한다.

㉒ 무인도서의 보전 및 관리에 관한 법률 일부를 다음과 같이 개정한다.

제18조제1항제8호 중 “「전기사업법」 제62조”를 “「전기안전관리법」 제8조”로 한다.

㉓ 물류시설의 개발 및 운영에 관한 법률 일부를 다음과 같이 개정한다.

제30조제1항제20호의2 중 “「전기사업법」 제62조”를 “「전기안전관리법」 제8조”로 한다.

제52조제1항제11호 중 “「전기사업법」 제62조”를 “「전기안전관리법」 제8조”로, “제63조”를 “제9조”로 한다.

㉔ 민간인 통제선 이북지역의 산지관리에 관한 특별법 일부를 다음과 같이 개정한다.

제16조제1항제25호 중 “「전기사업법」 제62조”를 “「전기안전관리법」 제8조”로 한다.

㉕ 민간임대주택에 관한 특별법 일부를 다음과 같이 개정한다.

제29조제1항제23호 중 “「전기사업법」 제62조”를 “「전기안전관리법」 제8조”로 한다.

㉖ 빈집 및 소규모주택 정비에 관한 특례법 일부를 다음과 같이 개정한다.

제55조제1항제11호 중 “「전기사업법」 제62조”를 “「전기안전관리법」 제8조”로 한다.

㉗ 산림복지 진흥에 관한 법률 일부를 다음과 같이 개정한다.

제37조제1항제20호 중 “「전기사업법」 제62조”를 “「전기안전관리법」 제8조”로 한다.

㉘ 산업입지 및 개발에 관한 법률 일부를 다음과 같이 개정한다.

제21조제1항제21호 중 “「전기사업법」 제62조”를 “「전기안전관리법」 제8조”로 한다.

㉙ 산업집적활성화 및 공장설립에 관한 법률 일부를 다음과 같이 개정한다.

제14조제1항제4호 중 “「전기사업법」 제62조제1항 및 제2항”을 “「전기안전관리법」 제8조제1항 및 제2항”으로 한다.

제14조의2제1항제1호 중 “「전기사업법」 제63조”를 “「전기안전관리법」 제9조”로 한다.

제16조제7항제1호 중 “「전기사업법」 제62조제1항 및 제2항”을 “「전기안전관리법」 제8조제1항 및 제2항”으로 한다.

㉚ 새만금사업 추진 및 지원에 관한 특별법 일부를 다음과 같이 개정한다.

제17조제1항제33호 중 “같은 법 제62조”를 “「전기안전관리법」 제8조”로 한다.

㉛ 수목원·정원의 조성 및 진흥에 관한 법률 일부를 다음과 같이

개정한다.

제8조제7호 중 “「전기사업법」 제62조”를 “「전기안전관리법」 제8조”로 한다.

㉜ 신항만건설 촉진법 일부를 다음과 같이 개정한다.

제9조제2항제29호 중 “「전기사업법」 제62조”를 “「전기안전관리법」 제8조”로 한다.

㉝ 신행정수도 후속대책을 위한 연기·공주지역 행정중심복합도시 건설을 위한 특별법 일부를 다음과 같이 개정한다.

제22조제1항제27호 중 “「전기사업법」 제62조”를 “「전기안전관리법」 제8조”로 한다.

㉞ 아시아문화중심도시 조성에 관한 특별법 일부를 다음과 같이 개정한다.

제33조제1항제13호 중 “같은 법 제62조”를 “「전기안전관리법」 제8조”로 한다.

㉟ 어촌·어항법 일부를 다음과 같이 개정한다.

제8조제17호 중 “같은 법 제62조”를 “「전기안전관리법」 제8조”로 한다.

㊱ 어촌특화발전 지원 특별법 일부를 다음과 같이 개정한다.

제16조제20호 중 “같은 법 제62조”를 “「전기안전관리법」 제8조”로 한다.

㊲ 여수세계박람회 기념 및 사후활용에 관한 특별법 일부를 다음과 같이 개정한다.

제19조제1항제18호 중 “「전기사업법」 제62조”를 “「전기안전관리

법」 제8조"로 한다.

㊳ 역세권의 개발 및 이용에 관한 법률 일부를 다음과 같이 개정한다.

제16조제1항제17호 중 "「전기사업법」 제62조"를 "「전기안전관리법」 제8조"로 한다.

㊴ 연구개발특구의 육성에 관한 특별법 일부를 다음과 같이 개정한다.

제29조제1항제10호 중 "「전기사업법」 제62조"를 "「전기안전관리법」 제8조"로 한다.

㊵ 연안관리법 일부를 다음과 같이 개정한다.

제26조제1항제8호 중 "같은 법 제62조"를 "「전기안전관리법」 제8조"로 한다.

㊶ 온천법 일부를 다음과 같이 개정한다.

제10조의2제1항제20호 중 "「전기사업법」 제62조"를 "「전기안전관리법」 제8조"로 한다.

㊷ 용산공원 조성 특별법 일부를 다음과 같이 개정한다.

제17조제1항제14호 중 "「전기사업법」 제62조"를 "「전기안전관리법」 제8조"로 한다.

㊸ 자동차관리법 일부를 다음과 같이 개정한다.

제68조의13제1항제8호 중 "「전기사업법」 제62조"를 "「전기안전관리법」 제8조"로 하고, 같은 조 제3항제6호 중 "「전기사업법」 제63조"를 "「전기안전관리법」 제9조"로 한다.

㊹ 전기사업법 일부를 다음과 같이 개정한다.

제2조제20호 중 “이 법에서 정하는 바에 따라”를 “이 법 및 「전기안전관리법」에서 정하는 바에 따라”로 한다.

제20조제4항 중 “제67조에 따른 전기설비의 안전관리에 관한 기술기준”을 “제67조에 따른 기술기준”으로 한다.

제49조제7호 및 제8호를 각각 다음과 같이 하고, 같은 조에 제8호의2 및 제8호의3을 각각 다음과 같이 신설하며, 같은 조 제10호의2를 삭제한다.

7. 「전기안전관리법」에 따른 전기안전의 조사·연구·홍보에 관한 지원사업

8. 「전기안전관리법」 제12조에 따른 일반용전기설비의 점검사업

8의2. 「전기안전관리법」 제14조에 따른 공동주택 등의 안전점검사업

8의3. 「전기안전관리법」 제15조에 따른 응급조치 사업

제62조를 삭제한다.

제63조 중 “제61조 및 제62조”를 “제61조”로 한다.

제65조를 삭제한다.

제65조의2를 다음과 같이 신설한다.

제65조의2(송·배전사업자의 자체 검사) 송전사업자 및 배전사업자는 산업통상자원부령으로 정하는 바에 따라 송전사업자·배전사업자의 전기설비에 대하여 자체적으로 검사를 하여야 하고 산업통상자원부장관에게 검사 결과를 보고하여야 한다.

제66조, 제66조의2 및 제66조의3을 각각 삭제한다.

제67조제1항 전단 중 "전기설비의 안전관리"를 "원활한 전기공급 및 전기설비의 안전관리"로 하고, 같은 조에 제3항을 다음과 같이 신설한다.

③ 산업통상자원부장관은 제1항에 따라 기술기준을 변경하는 경우 기존의 전기설비에 대하여는 변경 전의 기술기준을 적용한다. 다만, 공공의 안전 확보를 위하여 변경된 기술기준을 적용할 수 있다.

제68조 중 "전기사업자와 자가용전기설비 또는 일반용전기설비의 소유자나 점유자"를 "전기사업자"로 한다.

제71조 중 "제63조 또는 제65조"를 "제63조"로, "전기사업자, 자가용전기설비·일반용전기설비의 소유자나 점유자(전기통신선로를 설치한 자를 포함한다)"를 "전기사업자 및 전기통신선로를 설치한 자"로 한다.

제73조 및 제73조의2부터 제73조의8까지를 각각 삭제한다.

제8장(제74조부터 제81조까지)을 삭제한다.

제96조의2부터 제96조의4까지를 각각 삭제한다.

제97조를 다음과 같이 한다.

제97조(수수료) 제63조에 따른 검사를 받으려는 자는 「전기안전관리법」 제42조제1항에 따른 수수료를 내야 한다.

제98조제2항 각 호 외의 부분 중 "안전공사"를 "「전기안전관리법」 제30조에 따른 한국전기안전공사(이하 "안전공사"라 한다)"로 하고, 같은 항 제1호를 삭제하며, 같은 항 제2호 중 "제63조 및 제65조"를 "제63조"로 하고, 같은 조 제3항을 삭제한다.

제102조 제목 외의 부분을 제1항으로 하고, 같은 조에 제2항을

다음과 같이 신설한다.

② 제65조의2에 따른 자체 검사를 하지 아니한 자는 2천만원 이하의 벌금에 처한다.

제103조제3호의2 중 "제61조제1항 또는 제62조제1항"을 "제61조제1항"으로 하고, 같은 조 제4호, 제4호의2 및 제5호를 각각 삭제한다.

제104조를 삭제한다.

제105조제4호 중 "전기사업용전기설비 및 자가용전기설비의 소유자 또는 점유자"를 "전기사업자"로 한다.

제106조를 다음과 같이 한다.

제106조(벌칙) 제61조제3항을 위반하여 전기설비의 설치공사 또는 변경공사를 한 자는 100만원 이하의 벌금에 처한다.

제108조제1항제3호, 제4호, 제4호의2, 제5호, 제6호 및 제8호를 각각 삭제한다.

제108조제2항제1호 중 "제26조, 제73조의2제1항, 제73조의5제1항제3호 또는 같은 조 제2항에 따른 신고 또는 변경신고"를 "제26조에 따른 신고 또는 변경신고"로 하고, 같은 항 제3호 중 "제18조제2항·제66조제4항 또는 제66조의2제4항"을 "제18조제2항"으로 하며, 같은 항 제4호 중 "제61조제2항 또는 제62조제2항"을 "제61조제2항"으로 하고, 같은 항 제5호 및 제6호를 각각 삭제한다.

㊺ 전통시장 및 상점가 육성을 위한 특별법 일부를 다음과 같이 개정한다.

제20조의2제1항 단서 중 "「전기사업법」"을 "「전기사업법」, 「전기

안전관리법」”으로 하고, 같은 조 제2항 중 “「전기사업법」 제74조에 따른”을 “「전기안전관리법」 제30조에 따른”으로 한다.

㊻ 접경지역 지원 특별법 일부를 다음과 같이 개정한다.

제14조제1항제25호 중 “「전기사업법」 제62조”를 “「전기안전관리법」 제8조”로 한다.

㊼ 제주특별자치도 설치 및 국제자유도시 조성을 위한 특별법 일부를 다음과 같이 개정한다.

제148조제1항제26호 중 “같은 법 제62조”를 “「전기안전관리법」 제8조”로 한다.

제303조제1항 중 “제61조제1항부터 제4항까지, 제62조제1항, 제71조 및 제108조제3항(이양된 권한에 따른 과태료의 부과·징수에 한정한다)”을 “제61조제1항부터 제4항까지, 제71조, 제108조제3항(이양된 권한에 따른 과태료의 부과·징수에 한정한다) 및 「전기안전관리법」 제8조제1항, 제20조, 제52조제3항(이양된 권한에 따른 과태료의 부과·징수에 한정한다)”으로 하고, 같은 조 제5항 본문 중 “제62조제1항”을 “「전기안전관리법」 제8조제1항”으로 한다.

㊽ 주한미군기지 이전에 따른 평택시 등의 지원 등에 관한 특별법 일부를 다음과 같이 개정한다.

제5조제1항제13호 중 “제62조”를 “「전기안전관리법」 제8조”로 한다.

㊾ 중소기업창업 지원법 일부를 다음과 같이 개정한다.

제35조제2항제8호 중 “「전기사업법」 제62조”를 “「전기안전관리법」 제8조”로 하고, 같은 조 제3항제7호 중 “「전기사업법」 제63조”를 “「전기안전관리법」 제9조”로 한다.

㊿ 지능형 로봇 개발 및 보급 촉진법 일부를 다음과 같이 개정한다.

제36조제1항제9호 중 "같은 법 제62조"를 "「전기안전관리법」 제8조"로 한다.

〈51〉 철도의 건설 및 철도시설 유지관리에 관한 법률 일부를 다음과 같이 개정한다.

제11조제1항제19호 중 "「전기사업법」 제62조"를 "「전기안전관리법」 제8조"로 한다.

〈52〉 초고층 및 지하연계 복합건축물 재난관리에 관한 특별법 일부를 다음과 같이 개정한다.

제13조제1항제3호 중 "「전기사업법」 제65조에 따른 정기검사와 같은 법 제66조의2에"를 "「전기안전관리법」 제11조에 따른 정기검사와 같은 법 제13조에"로 한다.

〈53〉 태권도 진흥 및 태권도공원 조성 등에 관한 법률 일부를 다음과 같이 개정한다.

제15조제1항제21호 중 "「전기사업법」 제62조"를 "「전기안전관리법」 제8조"로 한다.

〈54〉 항만공사법 일부를 다음과 같이 개정한다.

제23조제1항제21호 중 "「전기사업법」 제62조"를 "「전기안전관리법」 제8조"로 한다.

〈55〉 항만법 일부를 다음과 같이 개정한다.

제27조제1항제1호 중 "「전기사업법」 제65조"를 "「전기안전관리법」 제11조"로 한다.

제85조제1항제23호 중 "「전기사업법」 제62조"를 "「전기안전관리

법」 제8조"로 한다.

〈56〉 법률 제16904호 항만 재개발 및 주변지역 발전에 관한 법률 일부를 다음과 같이 개정한다.

제19조제1항제23호 중 "「전기사업법」 제62조"를 "「전기안전관리법」 제8조"로 한다.

〈57〉 해수욕장의 이용 및 관리에 관한 법률 일부를 다음과 같이 개정한다.

제38조제1항제14호 중 "같은 법 제62조"를 "「전기안전관리법」 제8조"로 한다.

〈58〉 해양산업클러스터의 지정 및 육성 등에 관한 특별법 일부를 다음과 같이 개정한다.

제29조제1항제10호 중 "「전기사업법」 제62조"를 "「전기안전관리법」 제8조"로 한다.

〈59〉 해양심층수의 개발 및 관리에 관한 법률 일부를 다음과 같이 개정한다.

제17조제1항제13호 중 "「전기사업법」 제62조"를 "「전기안전관리법」 제8조"로 한다.

〈60〉 법률 제17064호 해양치유자원의 관리 및 활용에 관한 법률 일부를 다음과 같이 개정한다.

제18조제1항제25호 중 "「전기사업법」 제62조"를 "「전기안전관리법」 제8조"로 한다.

제7조(다른 법령과의 관계) 이 법 시행 당시 다른 법령에서 종전의 「전기사업법」의 규정을 인용하고 있는 경우 이 법 중 그에 해당하는

규정이 있으면 종전의 「전기사업법」의 규정을 갈음하여 이 법 또는 이 법의 해당 규정을 인용한 것으로 본다.

부칙 〈제18602호, 2021. 12. 21.〉

이 법은 공포 후 6개월이 경과한 날부터 시행한다.

부칙 〈제19004호, 2022. 10. 18.〉

이 법은 공포 후 6개월이 경과한 날부터 시행한다. 다만, 제22조제3항의 개정규정은 공포 후 1년이 경과한 날부터 시행한다.

부칙 〈제19251호, 2023. 3. 21.〉 (자연유산의 보존 및 활용에 관한 법률)

제1조(시행일) 이 법은 2024년 5월 17일부터 시행한다.

[전문개정 2024. 2. 6.]

[시행일: 2024. 3. 22.] 제1조

제2조 부터 제7조까지 생략

제8조(다른 법률의 개정) ①부터 ㉚까지 생략

㉛ 전기안전관리법 일부를 다음과 같이 개정한다.

제13조제3항을 제4항으로 하고, 같은 조에 제3항을 다음과 같이 신설하며, 같은 조 제4항(종전의 제3항) 중 "제1항과 제2항"을 "제1항부터 제3항까지"로 한다.

③ 「자연유산의 보존 및 활용에 관한 법률」에 따른 천연기념물·명승 및 시·도자연유산과 그 보호구역의 시설에 대하여 같은 법

제17조제1항 각 호(제2호 및 제3호는 제외한다)에 따라 보존 및 가치에 영향을 미칠 수 있는 행위(같은 법 제42조에 따라 준용되는 경우를 포함한다)를 하려는 자는 그 행위가 끝난 후 제1항에 따라 산업통상자원부령으로 정하는 바에 따라 안전공사로부터 안전점검을 받아야 한다.

제52조제2항제3호 중 "제13조제3항"을 "제13조제4항"으로 한다.

㉜부터 ㊲까지 생략

제9조 생략

부칙 〈제19590호, 2023. 8. 8.〉 (문화유산의 보존 및 활용에 관한 법률)

제1조(시행일) 이 법은 2024년 5월 17일부터 시행한다.

제2조 부터 제8조까지 생략

제9조(다른 법률의 개정) ①부터 ㊴까지 생략

㊵ 전기안전관리법 일부를 다음과 같이 개정한다.

제13조제2항 중 "「문화재보호법」에 따른 지정문화재"를 "「문화유산의 보존 및 활용에 관한 법률」에 따른 지정문화유산"으로 한다.

㊶부터 〈53〉까지 생략

제10조 생략

부칙 〈제20194호, 2024. 2. 6.〉 (자연유산의 보존 및 활용에 관한 법률)

제1조(시행일) 이 법은 2024년 5월 17일부터 시행한다. 〈단서 생략〉

제2조(다른 법률의 개정) ①부터 ⑧까지 생략

⑨ 법률 제19251호 전기안전관리법 일부를 다음과 같이 개정한다.

제13조제3항 중 "천연기념물 · 명승 및 시 · 도자연유산"을 "천연기념물등"으로 한다.

부칙 〈제20972호, 2025. 5. 27.〉

제1조(시행일) 이 법은 공포 후 6개월이 경과한 날부터 시행한다.

제2조(전기자동차 충전시설의 신고에 관한 경과조치) 이 법 시행 당시 종전의 규정에 따라 전기자동차 충전시설을 운영 중인 자로서 제21조의2제1항의 개정규정에 따라 해당 시설을 신고하여야 하는 자는 이 법 시행일부터 6개월 이내에 신고하여야 한다.

제3조(전기자동차 충전시설 관리자의 보험 가입에 관한 경과조치) 이 법 시행 당시 종전의 규정에 따라 전기자동차 충전시설을 운영 중인 자로서 제21조의3제3항의 개정규정에 따라 보험에 가입하여야 하는 자는 이 법 시행일부터 6개월 이내에 보험에 가입하여야 한다.

부칙 〈제21006호, 2025. 7. 22.〉

이 법은 공포한 날부터 시행한다.

부칙 〈제21065호, 2025. 10. 1.〉 (정부조직법)

제1조(시행일) 이 법은 공포한 날부터 시행한다. 다만, 부칙 제7조에 따라 개정되는 법률 중 이 법 시행 전에 공포되었으나 시행일이 도래하지 아니한 법률을 개정한 부분은 각각 해당 법률의 시행일부

터···〈생략〉··· 시행한다.

1. 및 2. 생략

제2조 부터 제6조까지 생략

제7조(다른 법률의 개정) ①부터 〈269〉까지 생략

〈270〉 전기안전관리법 일부를 다음과 같이 개정한다.

제5조제1항, 같은 조 제3항 본문, 같은 조 제4항 전단, 같은 조 제5항, 제6조제1항·제2항, 제7조제1항 각 호 외의 부분, 같은 조 제2항, 제8조제1항 전단, 같은 조 제4항, 제9조, 제10조제1항 전단·후단, 제11조제1항, 제12조제1항 본문, 같은 조 제2항 전단, 제12조의2, 제14조제1항 각 호 외의 부분, 제15조제1항 각 호 외의 부분, 같은 조 제3항, 제16조제1항부터 제5항까지, 제17조제1항, 같은 조 제2항 각 호 외의 부분 전단, 같은 항 제3호, 같은 조 제3항, 제18조, 제20조 각 호 외의 부분, 제21조제1항, 제22조제3항 각 호 외의 부분 단서, 제23조제1항 전단, 제25조제1항 각 호 외의 부분, 같은 조 제2항, 제26조제1항 각 호 외의 부분, 같은 항 제1호·제2호, 같은 조 제3항, 제27조제2항 각 호 외의 부분 본문, 제28조, 제29조제1항·제2항, 같은 조 제4항 본문, 제33조제9호, 제35조 각 호 외의 부분, 제38조제1항, 같은 조 제2항 전단, 제39조제1항, 제40조제1항·제2항, 같은 조 제3항 각 호 외의 부분, 같은 항 제2호, 제41조제1항·제3항, 제43조제1항, 같은 조 제2항 각 호 외의 부분, 같은 조 제3항 각 호 외의 부분, 제44조제1항부터 제3항까지, 같은 조 제5항, 제45조 및 제52조제3항 중 "산업통상자원부장관"을 각각 "기후에너지환경부장관"으로 한다.

제7조제1항제8호, 제8조제1항 전단, 같은 조 제2항 전단, 같은 조 제3항부터 제5항까지, 제9조, 제10조제2항, 제11조제1항, 제12조제1항 본문, 같은 조 제2항 후단, 같은 조 제7항, 같은 조 제8항 후단, 같은 조 제9항 전단, 같은 조 제10항 전단, 같은 조 제12항, 제13조제1항 각 호 외의 부분, 같은 조 제2항부터 제4항까지, 제14조제1항 각 호 외의 부분, 제16조제1항ㆍ제3항, 제17조제4항, 제22조제1항, 같은 조 제3항 각 호 외의 부분 본문ㆍ단서, 같은 조 제4항부터 제8항까지, 제23조제1항 전단ㆍ후단, 같은 조 제2항, 제24조제3항, 제25조제6항, 제26조제2항, 제27조제2항 각 호 외의 부분 본문, 제39조제1항ㆍ제2항, 제40조제1항ㆍ제2항, 같은 조 제3항제2호, 제42조제1항 각 호 외의 부분, 같은 조 제2항 각 호 외의 부분 및 제44조제4항 중 "산업통상자원부령"을 각각 "기후에너지환경부령"으로 한다.

법률 제20972호 전기안전관리법 일부개정법률 제21조의2제3항 중 "산업통상자원부령"을 "기후에너지환경부령"으로 한다.

법률 제20972호 전기안전관리법 일부개정법률 제22조제9항 중 "산업통상자원부장관"을 "기후에너지환경부장관"으로 하고, 제23조제1항 전단을 다음과 같이 한다.

제22조제1항부터 제4항까지의 규정에 따라 전기안전관리자를 선임 또는 해임한 자는 기후에너지환경부령으로 정하는 바에 따라 지체 없이 그 사실을 전력기술인단체에 신고하여야 한다.

〈271〉부터 〈626〉까지 생략

제8조 생략

전기안전관리법 시행령

[시행 2025. 11. 28.] [대통령령 제35864호, 2025. 11. 25., 일부개정]

**개정 예정 법률 밑줄 별도 표시.

전기안전관리법 시행령

[시행 2025. 11. 28.] [대통령령 제35864호, 2025. 11. 25., 일부개정]

제1조(목적) 이 영은 「전기안전관리법」에서 위임된 사항과 그 시행에 필요한 사항을 규정함을 목적으로 한다.

제2조(전기안전관리 기본계획의 수립·변경 등) ① 「전기안전관리법」(이하 "법"이라 한다) 제5조제3항 단서에서 "대통령령으로 정하는 경미한 사항을 변경하려는 경우"란 다음 각 호의 경우를 말한다. 〈개정 2025. 10. 1.〉

1. 법 제5조제1항에 따른 전기안전관리에 관한 기본계획(이하 "기본계획"이라 한다)에서 정한 부문별 사업규모의 100분의 15 범위에서 변경하려는 경우

2. 기본계획에서 정한 부문별 사업기간을 1년의 범위에서 변경하려는 경우

3. 계산 착오, 오기, 누락 또는 이에 준하는 명백한 오류를 수정하려는 경우

4. 그 밖에 기본계획의 목적 및 방향에 영향을 미치지 않는 사항을 변경하는 경우로서 기후에너지환경부장관이 고시하는 사항을 변경하려는 경우

② 기후에너지환경부장관은 법 제5조제4항에 따라 관계 중앙행정

기관의 장이나 특별시장·광역시장·특별자치시장·도지사·특별자치도지사(이하 "시·도지사"라 한다) 또는 「공공기관의 운영에 관한 법률」 제4조에 따른 공공기관(이하 "공공기관"이라 한다)의 장에게 다음 각 호의 사항에 관한 자료의 제출이나 협력을 요청할 수 있다. 〈개정 2025. 10. 1.〉

1. 전기설비의 안전과 관련된 규제의 정비

2. 전기설비가 설치된 시설에 대한 관계 기관 합동 전기안전점검의 실시

3. 전기설비로 인한 사고 관련 통계 및 사례의 산출 및 관리

4. 전기설비 관련 안전의식 정착을 위한 전기안전문화운동의 추진

5. 전기설비 사고 예방을 위한 홍보의 지원

6. 그 밖에 기본계획을 효율적으로 시행하기 위하여 기후에너지환경부장관이 필요하다고 인정하는 사항

③ 기후에너지환경부장관은 기본계획을 수립 또는 변경한 경우에는 법 제5조제5항에 따라 그 수립 또는 변경한 날부터 1개월 이내에 관계 중앙행정기관의 장, 시·도지사 및 공공기관(전기안전관리에 관한 업무를 수행하는 공공기관으로 한정한다)의 장에게 해당 사항을 통보하고, 기후에너지환경부의 인터넷 홈페이지에 공고해야 한다. 〈개정 2025. 10. 1.〉

제3조(전기안전자문기구의 구성) ① 법 제6조제1항에 따른 전기안전자문기구(이하 "전기안전자문기구"라 한다)는 위원장 1명을 포함하여 15명 이내의 위원으로 구성한다.

② 전기안전자문기구의 위원장(이하 "위원장"이라 한다)은 기후에

너지환경부에서 전기안전관리업무를 담당하는 4급 이상 공무원 중에서 기후에너지환경부장관이 지명하는 사람이 된다. 〈개정 2025. 10. 1.〉

③ 전기안전자문기구의 위원(이하 "위원"이라 한다)은 다음 각 호의 사람 중에서 위원장이 지명하거나 위촉하는 사람이 된다.

1. 전기 관련 기관·단체의 장이 소속 임직원 중에서 추천한 사람
2. 그 밖에 전기안전관리 분야의 전문지식이나 경험이 풍부한 사람

④ 위원의 임기는 2년으로 한다.

제4조(전기안전자문기구의 기능 및 운영) ① 전기안전자문기구는 다음 각 호의 사항에 대한 자문에 응한다. 〈개정 2025. 10. 1.〉

1. 기본계획의 수립·변경에 관한 사항
2. 전기설비의 안전관리제도 개선에 관한 사항
3. 전기안전관리에 관한 중·장기 정책에 관한 사항
4. 그 밖에 기후에너지환경부장관이 전기안전관리를 위하여 필요하다고 인정하는 사항

② 전기안전자문기구의 회의는 위원장이 소집한다.

제5조(공사계획의 인가) 기후에너지환경부장관은 법 제8조제1항에 따라 전기설비의 설치공사 또는 변경공사에 관한 계획을 인가할 때에는 해당 계획이 「전기사업법」 제67조에 따른 기술기준에 적합한 경우에만 인가해야 한다. 〈개정 2025. 10. 1.〉

제6조 삭제 〈2023. 4. 11.〉

제7조(여러 사람이 이용하는 시설 등에 대한 전기안전점검) ① 법 제13조제1항제3호에서 "대통령령으로 정하는 권총사격장"이란 「사

격 및 사격장 안전관리에 관한 법률 시행령」 제2조제1항 및 별표 1 제3호에 따른 권총사격장(실내사격장으로 한정하며, 같은 조 제1항에 따른 종합사격장에 설치된 경우를 포함한다)을 말한다.

② 법 제13조제1항제4호에서 “대통령령으로 정하는 골프 연습장” 이란 「체육시설의 설치·이용에 관한 법률 시행령」 별표 1에 따른 골프연습장(실내에 1개 이상의 별도로 구획된 공간을 만들어 스크린과 영사기 등의 시설을 갖추고 골프를 연습할 수 있도록 일반의 이용에 제공하는 것으로 한정한다)을 말한다.

③ 법 제13조제1항제6호에서 “대통령령으로 정하는 단란주점영업 및 유흥주점영업”이란 「식품위생법 시행령」 제21조제8호다목에 따른 단란주점영업 및 같은 호 라목에 따른 유흥주점영업을 말한다.

④ 법 제13조제1항제9호에서 “대통령령으로 정하는 시설”이란 다음 각 호의 시설을 말한다. 〈개정 2022. 11. 29., 2025. 11. 25.〉

1. 「공연법」 제2조제4호에 따른 공연장

2. 「영화 및 비디오물의 진흥에 관한 법률」 제2조제10호에 따른 영화상영관

3. 「유통산업발전법」 별표 제1호부터 제4호까지의 규정에 따른 대형마트·전문점·백화점 및 쇼핑센터

4. 「의료법」 제3조의3에 따른 종합병원

5. 「관광진흥법」 제3조제1항제2호가목에 따른 호텔업의 시설, 같은 항 제4호에 따른 국제회의업의 시설 및 같은 항 제5호에 따른 카지노업의 시설

6. 「공중위생관리법」 제2조제1항제2호에 따른 숙박업의 시설 및

같은 항 제3호에 따른 목욕장업의 시설

7. 「모자보건법」 제2조제10호에 따른 산후조리업의 시설

8. 다음 각 목의 영업을 하는 시설

가. 고시원업: 구획된 공간에 학습자가 공부할 수 있는 시설 등을 갖추고 숙박이나 숙식을 제공하는 형태의 영업

나. 전화방업·화상대화방업: 구획된 공간에 전화기, 텔레비전, 모니터 또는 카메라 등 상대방과 대화할 수 있는 시설 등을 갖춘 형태의 영업

다. 수면방업: 침대(간이침대를 포함한다), 캡슐 형태의 방 또는 그 밖에 휴식을 취할 수 있는 부대시설을 갖춘 형태의 영업

라. 콜라텍업: 손님이 춤을 출 수 있는 시설 등을 갖춘 형태의 영업으로서 주류 판매가 허용되지 않는 영업

마. 방탈출카페업: 제한된 시간 내에 방을 탈출하는 놀이 형태의 영업

바. 키즈카페업: 다음의 영업

1) 「관광진흥법 시행령」 제2조제1항제5호다목에 따른 기타테마파크업으로서 실내공간에서 어린이(「어린이안전관리에 관한 법률」 제3조제1호에 따른 어린이를 말한다. 이하 같다)에게 놀이를 제공하는 영업

2) 실내에 「어린이놀이시설 안전관리법」 제2조제2호 및 같은 법 시행령 별표 2 제13호에 해당하는 어린이놀이시설을 갖춘 영업

3) 「식품위생법 시행령」 제21조제8호가목에 따른 휴게음식점영업으로서 실내공간에서 어린이에게 놀이를 제공하고 부수적으로

음식류를 판매 · 제공하는 영업

사. 만화카페업: 만화책 등 다수의 도서를 갖춘 다음의 영업. 다만, 도서를 대여 · 판매만 하는 영업인 경우와 영업장으로 사용하는 바닥면적의 합계가 50제곱미터 미만인 경우는 제외한다.

1) 「식품위생법 시행령」 제21조제8호가목에 따른 휴게음식점 영업

2) 도서의 열람, 휴식공간 등을 제공할 목적으로 실내에 다수의 구획된 실(室)을 만들거나 입체 형태의 구조물을 설치한 영업

9. 「학원의 설립 · 운영 및 과외교습에 관한 법률」 제2조제1호에 따른 학원(이하 이 조에서 "학원"이라 한다)으로서 다음 각 목의 어느 하나에 해당하는 시설

가. 숙박시설을 갖춘 학원

나. 「소방시설 설치 및 관리에 관한 법률 시행령」 별표 4에 따라 산정된 수용인원(이하 이 조에서 "수용인원"이라 한다)이 300명 이상인 학원

다. 하나의 건축물에 수용인원 300명 미만의 학원이 둘 이상 있는 경우로서 각 학원 수용인원을 합한 전체 수용인원이 300명 이상인 학원

10. 「노인복지법」 제31조에 따른 노인복지시설. 다만, 같은 법 제36조제1항제2호에 따른 경로당과 같은 법 제38조제1항제1호에 따른 방문요양서비스 시설 및 같은 항 제4호에 따른 방문 목욕서비스 시설은 제외한다.

11. 「농어촌정비법」 제2조제16호라목에 따른 농어촌민박사업의

시설

12. 「환경친화적 자동차의 개발 및 보급 촉진에 관한 법률」 제11조의2에 따른 전기자동차 충전시설(자가용전기설비로 한정한다)

제8조(응급조치의 대상 등) ① 법 제15조제3항에 따른 응급조치는 다음 각 호의 자가 소유하거나 점유하는 일반용전기설비(주거용으로 한정한다)를 대상으로 한다. 〈개정 2025. 10. 1., 2025. 11. 25.〉

1. 「국민기초생활 보장법」 제2조제2호에 따른 수급자 또는 같은 조 제10호에 따른 차상위계층

2. 「장애인복지법」 제2조제2항에 따른 장애인 중 기후에너지환경부령으로 정하는 장애 정도에 해당하는 사람

3. 「국가유공자 등 예우 및 지원에 관한 법률」 제6조의4에 따른 1급부터 3급까지의 상이등급 판정을 받은 사람

4. 「독립유공자예우에 관한 법률」 제4조 및 제5조에 따른 독립유공자와 그 유족 또는 가족

5. 「5 · 18민주유공자예우에 관한 법률」 제4조 및 제5조에 따른 5 · 18민주유공자와 그 유족 또는 가족

6. 「모자보건법」 제2조제1호에 따른 임산부

7. 다자녀가구(세대별 주민등록표상 자녀 또는 손자녀를 합하여 3명 이상인 가구를 말한다)의 세대주

8. 다음 각 목의 시설을 설치 · 운영하는 자

가. 「아동복지법」 제52조에 따른 아동복지시설

나. 「노인복지법」 제31조에 따른 노인복지시설

다. 「장애인복지법」 제58조에 따른 장애인복지시설

라. 「한부모가족지원법」 제19조제1항에 따른 한부모가족복지시설

마. 「영유아보육법」 제10조에 따른 어린이집

바. 「성매매방지 및 피해자보호 등에 관한 법률」 제9조제1항에 따른 성매매피해자등을 위한 지원시설

사. 「정신건강증진 및 정신질환자 복지서비스 지원에 관한 법률」 제3조제7호에 따른 정신재활시설

아. 「가정폭력방지 및 피해자보호 등에 관한 법률」 제7조의2제1항에 따른 보호시설

자. 「성폭력방지 및 피해자보호 등에 관한 법률」 제10조에 따른 성폭력피해상담소 및 같은 법 제12조에 따른 성폭력피해자보호시설

② 법 제15조제3항에 따라 시행하는 응급조치의 범위는 다음 각 호와 같다. 〈개정 2025. 10. 1.〉

1. 「전기공사업법 시행령」 제5조제1항 각 호에 따른 공사

2. 누전·합선 등으로 인한 전기재해를 예방하기 위하여 필요한 범위에서 하는 일시적인 전기사용 제한조치

3. 다음 각 목의 어느 하나에 해당하는 경우를 예방하기 위한 조치로서 기후에너지환경부령으로 정하는 저압(低壓)에 해당하는 전기설비에 대한 교체 및 보수 공사

가. 전기공급의 중단 등으로 막대한 피해가 예상되거나 긴급한 경우

나. 전기설비가 멸실 또는 파손될 우려가 있는 경우

제9조(손실 보상) ① 법 제16조제3항 및 제4항에 따른 명령으로 인

한 손실의 보상에 관하여는 기후에너지환경부장관이 그 손실을 입은 자와 협의하여 정한다. 〈개정 2025. 10. 1.〉

② 기후에너지환경부장관은 제1항에 따른 협의가 성립되지 않거나 협의를 할 수 없는 경우 「공익사업을 위한 토지 등의 취득 및 보상에 관한 법률」에서 정하는 바에 따라 관할 토지수용위원회에 재결(裁決)을 신청할 수 있다. 〈개정 2025. 10. 1.〉

제10조(정보공개의 대상) 기후에너지환경부장관 또는 시ㆍ도지사는 법 제21조제1항에 따라 별표 1에 따른 전기안전관리에 관한 분야별 업무 정보의 범위에서 다음 각 호의 정보를 공개할 수 있다. 〈개정 2025. 10. 1.〉

1. 전기설비가 설치된 시설의 상호명(상호명이 없는 경우에는 대표자의 성명을 말한다) 및 소재지
2. 전기설비 현황(수전설비 및 발전설비의 전압 및 용량)
3. 전기설비의 검사ㆍ점검 연월일 및 결과
4. 전기설비의 검사자 또는 점검자 성명
5. 전기안전관리자의 점검 연월일 및 결과
6. 전기안전관리자의 성명, 선임 형태, 업체명 및 교육 현황
7. 시공자의 성명(법인인 경우에는 그 명칭과 대표자의 성명을 말한다)

제10조의2(전기자동차 충전시설 설치ㆍ변경 신고의 주체) 법 제21조의2제1항제3호에서 "대통령령으로 정하는 자"란 다음 각 호의 요건에 모두 해당하는 시설에 법 제21조의2제1항 전단에 따른 전기자동차 충전시설(이하 "전기자동차 충전시설"이라 한다)을 설치하는 자

를 말한다.

1. 「건축법 시행령」 별표 1에 따른 용도별 건축물 중 다음 각 목의 어느 하나에 해당하는 시설

가. 종교시설

나. 노유자시설

다. 수련시설

라. 공장

마. 창고시설(제2종 근린생활시설에 해당하는 것과 위험물 저장 및 처리 시설 또는 그 부속용도에 해당하는 것은 제외한다)

바. 위험물 저장 및 처리 시설

사. 동물 및 식물 관련 시설

아. 자원순환 관련 시설

자. 교정시설(제1종 근린생활시설에 해당하는 것은 제외한다)

차. 국방·군사시설(제1종 근린생활시설에 해당하는 것은 제외한다)

카. 묘지 관련 시설

타. 장례시설

파. 야영장 시설

2. 「주차장법」 제2조제7호에 따른 주차단위구획의 총 수(같은 조 제3호에 따른 기계식주차장의 주차단위구획의 수는 제외한다)가 50개 이상인 시설

[본조신설 2025. 11. 25.]

제10조의3(보험의 종류 등) ① 법 제21조의3제3항에 따른 보험(이

하 "책임보험"이라 한다)의 종류는 전기자동차 충전시설 사고배상책임보험 또는 전기자동차 충전시설 사고배상책임보험과 같은 내용이 포함된 보험으로 한다.

② 책임보험은 다음 각 호의 구분에 따른 보상한도액의 기준을 모두 충족해야 한다. 이 경우 책임보험은 법 제21조의2제1항에 따른 전기자동차 충전시설 관리자(이하 "전기자동차 충전시설 관리자"라 한다)에게 고의 또는 과실이 없는 경우에도 피해자에게 보험금을 지급할 책임을 지는 보험으로 한다.

1. 사망 또는 부상의 경우: 피해자 1명당 「자동차손해배상 보장법 시행령」 제3조제1항 및 제2항에 따른 금액의 범위에서 피해자에게 발생한 손해액을 지급할 것

2. 재산상 손해의 경우: 사고 1건당 10억원의 범위에서 피해자에게 발생한 손해액을 지급할 것

③ 전기자동차 충전시설 관리자는 다음 각 호의 구분에 따른 시기까지 책임보험에 가입하거나 재가입해야 한다.

1. 전기자동차 충전시설의 설치 또는 변경의 경우: 그 설치 또는 변경을 완료한 후 해당 충전시설에 전기가 공급되기 전

2. 전기자동차 충전시설 관리자가 변경된 경우: 그 관리자가 변경된 날

3. 책임보험의 유효기간이 만료되는 경우: 그 만료일

[본조신설 2025. 11. 25.]

제11조(전기안전관리업무를 전문으로 하는 자 등의 등록 등) ① 법 제22조제2항제1호 및 제2호에서 "자본금, 기술인력, 장비 등 대통

령령으로 정하는 요건"이란 별표 2의 요건을 말한다.

② 기후에너지환경부장관은 법 제26조제1항제1호 및 제2호에 따라 법 제22조제2항제1호 및 제2호에 따른 전기안전관리업무를 위탁받으려는 자의 등록 신청이 다음 각 호의 어느 하나에 해당하는 경우를 제외하고는 등록해 주어야 한다. 〈개정 2025. 10. 1.〉

1. 제1항에 따른 요건을 갖추지 않은 경우

2. 그 밖에 법, 이 영 또는 다른 법령에 따른 제한에 위반되는 경우

③ 법 제22조제3항제2호에서 "자본금, 기술인력 등 대통령령으로 정하는 요건"이란 별표 3의 요건을 말한다.

④ 시ㆍ도지사는 법 제26조제1항제3호에 따라 법 제22조제3항제2호에 따른 전기안전관리대행사업자로서 전기안전관리업무를 대행하려는 자의 등록 신청이 다음 각 호의 어느 하나에 해당하는 경우를 제외하고는 등록해 주어야 한다.

1. 제3항에 따른 요건을 갖추지 않은 경우

2. 그 밖에 법, 이 영 또는 다른 법령에 따른 제한에 위반되는 경우

⑤ 법 제22조제3항제3호에 따라 전기안전관리업무를 대행하려는 자는 「국가기술자격법」에 따른 전기분야의 전기산업기사 이상의 자격이 있는 사람으로서 별표 4의 장비를 갖춘 사람이어야 한다.

⑥ 시ㆍ도지사는 법 제26조제1항제4호에 따라 법 제22조제3항제3호에 따른 자로서 안전관리업무를 대행하려는 자의 등록 신청이 다음 각 호의 어느 하나에 해당하는 경우를 제외하고는 등록을 해

주어야 한다.

1. 제5항에 따른 장비를 갖추지 않은 경우

2. 그 밖에 법, 이 영 또는 다른 법령에 따른 제한에 위반되는 경우

제12조(실태조사의 대상 및 시기 등) ① 법 제29조제1항에 따른 전기안전관리업무에 대한 실태조사(이하 "실태조사"라 한다)는 전기사업용전기설비나 자가용전기설비를 대상으로 매년 1회 실시한다.

② 실태조사는 표본조사로 실시하며, 서면조사, 현장조사 등의 방법이나 정보통신망, 전자우편 등 전자적 방식을 사용할 수 있다.

③ 기후에너지환경부장관은 효율적인 실태조사를 위하여 전기안전관리와 관련된 전문기관·단체와 합동으로 실시하거나 전문기관·단체에 의뢰하여 실시할 수 있다. 〈개정 2025. 10. 1.〉

제13조(한국전기안전공사의 운영 재원) ①「재난 및 안전관리 기본법」 제3조제5호에 따른 재난관리책임기관 중 중앙행정기관과 지방자치단체는 법 제30조에 따른 한국전기안전공사(이하 "안전공사"라 한다)에 재난예방점검비용을 지급해야 한다. 〈개정 2023. 4. 11.〉

② 중앙행정기관과 지방자치단체는 제1항에 따른 재난예방점검비용을 다음 각 호의 사항을 고려하여 안전공사의 의견을 들어 기후에너지환경부령으로 정하는 바에 따라 결정해야 한다. 〈개정 2025. 10. 1.〉

1. 재난 예방점검의 대상

2. 재난 예방점검의 내용

3. 재난 예방점검에 필요한 인력 및 장비

4. 재난 예방점검에 필요한 예산

[제목개정 2023. 4. 11.]

제14조(전기안전종합정보시스템의 운영) ① 기후에너지환경부장관은 다음 각 호의 업무를 법 제38조제1항에 따른 전기안전종합정보시스템(이하 "전기안전종합정보시스템"이라 한다)을 통하여 수행할 수 있다. 〈개정 2025. 10. 1.〉

1. 법 제9조부터 제17조까지의 규정에 따른 전기설비의 안전관리에 관한 업무

2. 법 제21조에 따른 정보공개 업무

3. 법 제22조부터 제25조까지의 규정에 따른 전기안전관리자의 선임·해임 현황, 전기안전관리에 관한 기록의 작성·보존·제출 및 전기안전교육 현황 관리 업무

4. 법 제26조에 따른 전기안전관리업무를 전문으로 하는 자 등의 등록에 관한 업무

5. 법 제29조에 따른 실태조사에 관한 업무

6. 법 제40조에 따른 중대사고의 통보·조사에 관한 업무

7. 법 제41조에 따른 전기재해통계(이하 "전기재해통계"라 한다)의 작성에 관한 업무

8. 그 밖에 전기안전관리에 관한 정보의 효율적 관리를 위하여 기후에너지환경부장관이 필요하다고 인정하는 업무

② 시·도지사는 법 제29조제3항에 따른 조사에 관한 업무를 전기안전종합정보시스템을 통하여 수행할 수 있다.

제14조의2(자료의 요청) 기후에너지환경부장관은 법 제38조제2항에 따라 이 영 제14조제1항의 업무를 수행하기 위하여 불가피한 경우

에는 관계 중앙행정기관의 장에게 「주민등록법」에 따른 세대주의 성명, 주민등록번호 및 주소를 요청할 수 있다. 〈개정 2025. 10. 1.〉

[본조신설 2022. 6. 21.]

제15조(전기사고의 조사대상) 법 제40조제3항에서 “대통령령으로 정하는 전기사고”란 다음 각 호의 사고를 말한다. 〈개정 2025. 10. 1.〉

1. 법 제40조제1항에 따른 중대한 사고

2. 전기로 인하여 발생한 것으로 추정되는 다음 각 목의 사고

가. 사망자가 2명 이상이거나 부상자가 3명 이상인 화재사고

나. 재산피해[해당 화재사고에 대하여 경찰관서나 소방관서에서 추정한 가액(價額)에 따른다]가 3억원 이상인 화재사고

다. 그 밖에 제1호, 가목 또는 나목과 유사한 규모의 사고로서 해당 사고의 재발 방지를 위하여 사고의 원인·경위 등에 관한 조사가 필요하다고 인정하여 기후에너지환경부장관이 지정하는 화재사고

제16조(전기재해통계의 작성 및 관리) ① 기후에너지환경부장관은 전기재해통계를 1년 단위로 작성·관리할 수 있다. 〈개정 2025. 10. 1.〉

② 전기재해통계의 작성 항목은 다음 각 호와 같다. 〈개정 2025. 10. 1.〉

1. 전기화재사고에 관한 현황

2. 감전사고에 관한 현황

3. 그 밖에 기후에너지환경부장관이 전기안전관리정책을 효과적으로 수립·시행하기 위하여 필요하다고 인정하는 사항

제17조(권한의 위임 및 업무의 위탁) ① 기후에너지환경부장관은 법 제43조제1항에 따라 다음 각 호의 권한을 시·도지사에게 위임한다. 〈개정 2025. 10. 1.〉

1. 법 제8조제4항에 따른 자가용전기설비의 설치공사 또는 변경공사 신고의 접수(제2항제1호에 따라 자유무역지역관리원장에게 위임된 경우는 제외한다)

2. 설비용량 1만킬로와트 미만인 발전설비에 대한 법 제20조에 따른 적합명령

② 기후에너지환경부장관은 법 제43조제1항에 따라 「자유무역지역의 지정 및 운영에 관한 법률」 제2조제1호에 따른 자유무역지역 안의 자가용전기설비에 대한 다음 각 호의 사항을 자유무역지역관리원장에게 위임한다. 〈개정 2025. 10. 1.〉

1. 법 제8조제4항에 따른 자가용전기설비의 설치공사 또는 변경공사에 대한 신고의 접수

2. 전기설비(법 제8조제1항에 따라 기후에너지환경부령으로 정하는 공사는 제외한다)에 대한 법 제20조에 따른 적합명령

③ 기후에너지환경부장관 또는 시·도지사는 법 제43조제2항에 따라 다음 각 호의 업무를 안전공사에 위탁한다. 〈개정 2022. 6. 21., 2025. 10. 1.〉

1. 법 제8조제2항에 따른 자가용전기설비 공사계획의 신고 및 변경신고의 접수

2. 법 제9조에 따른 자가용전기설비의 사용전검사

3. 법 제10조에 따른 자가용전기설비의 임시사용의 허용

4. 법 제11조에 따른 전기설비의 정기검사

5. 법 제12조의2에 따른 관제센터의 설치 · 운영

6. 전기안전종합정보시스템의 구축 · 운영

④ 기후에너지환경부장관 또는 시 · 도지사는 법 제43조제3항에 따라 다음 각 호의 업무를 「전력기술관리법」 제18조제1항에 따른 전력기술인단체로서 기후에너지환경부령으로 정하는 요건을 갖춘 단체 중 기후에너지환경부장관이 지정하여 고시하는 단체에 위탁한다. 〈개정 2025. 10. 1.〉

1. 법 제25조제1항제1호에 따른 안전관리교육

2. 법 제26조제2항에 따른 전기안전관리업무를 전문으로 하는 자, 시설물관리를 전문으로 하는 자 및 전기안전관리대행사업자의 변경등록(변경사항이 기술인력인 경우만 해당한다)

⑤ 기후에너지환경부장관은 법 제43조제3항에 따라 법 제25조제1항제2호에 따른 안전시공교육 업무를 「전기공사업법」 제25조제1항에 따른 공사업자단체로서 기후에너지환경부령으로 정하는 요건을 갖춘 단체 중 기후에너지환경부장관이 지정하여 고시하는 단체에 위탁한다. 〈개정 2025. 10. 1.〉

[제목개정 2022. 6. 21.]

제18조(고유식별정보의 처리) ① 기후에너지환경부장관(법 제43조에 따라 기후에너지환경부장관의 권한을 위임받거나 업무를 위탁받은 자를 포함한다)은 다음 각 호의 사무를 수행하기 위하여 불가피한 경우 「개인정보 보호법 시행령」 제19조제1호 또는 제4호에 따른 주민등록번호 또는 외국인등록번호가 포함된 자료를 처리할 수 있다.

〈개정 2025. 10. 1.〉

1. 법 제26조제1항·제2항에 따른 전기안전관리업무를 전문으로 하는 자 등에 관한 등록 사무

2. 법 제52조에 따른 과태료의 부과 및 징수에 관한 사무

② 안전공사는 법 제12조제1항·제2항 및 제13조제1항에 따른 안전점검의 고지에 관한 사무를 수행하기 위하여 불가피한 경우 「개인정보 보호법 시행령」 제19조제1호 또는 제4호에 따른 주민등록번호 또는 외국인등록번호가 포함된 자료를 처리할 수 있다. 〈개정 2022. 6. 21.〉

③ 「전력기술관리법」 제18조제1항에 따른 전력기술인단체 중 기후에너지환경부장관이 정하여 고시하는 단체는 법 제23조제1항에 따른 전기안전관리자의 선임신고 및 해임신고에 관한 사무를 수행하기 위하여 불가피한 경우 「개인정보 보호법 시행령」 제19조제1호 또는 제4호에 따른 주민등록번호 또는 외국인등록번호가 포함된 자료를 처리할 수 있다. 〈개정 2025. 10. 1.〉

제19조(과태료의 부과기준) 법 제52조제1항 및 제2항에 따른 과태료의 부과기준은 별표 5와 같다.

부칙 〈제31576호, 2021. 3. 30.〉

제1조(시행일) 이 영은 2021년 4월 1일부터 시행한다. 다만, 별표 5 제2호아목은 2022년 4월 1일부터 시행한다.

제2조(다른 법령의 개정) ① 공동주택관리법 시행령 일부를 다음과 같이 개정한다.

제25조제1항제3호나목 중 “「전기사업법」 제73조제2항 및 제3항”을 “「전기안전관리법」 제22조제2항 및 제3항”으로 한다.

별표 1 제1호의 기준란 나목 중 “「전기사업법」”을 “「전기안전관리법」”으로 한다.

② 사방사업법 시행령 일부를 다음과 같이 개정한다.

제19조제3항제18호 중 “「전기사업법」의 규정에 의하여”를 “「전기사업법」 및 「전기안전관리법」의 규정에 따른”으로 한다.

③ 산업안전보건법 시행령 일부를 다음과 같이 개정한다.

별표 4 제8호바목 중 “「전기사업법」 제73조”를 “「전기안전관리법」 제22조”로 한다.

④ 에너지법 시행령 일부를 다음과 같이 개정한다.

제13조의6제1항제1호 중 “「전기사업법 시행령」 제42조의3제4항제8호가목”을 “「전기안전관리법 시행령」 제7조제4항제8호가목”으로 한다.

⑤ 에너지이용 합리화법 시행령 일부를 다음과 같이 개정한다.

별표 1 제1호다목2) 에너지사용계획의 제출 시기란 중 “「전기사업법」 제61조제1항 및 제62조제1항”을 “「전기사업법」 제61조제1항 및 「전기안전관리법」 제8조제1항”으로, “「전기사업법」 제61조제3항 및 제62조제2항”을 “「전기사업법」 제61조제3항 및 「전기안전관리법」 제8조제2항”으로 한다.

⑥ 연구실 안전환경 조성에 관한 법률 시행령 일부를 다음과 같이 개정한다.

별표 2 제6호라목 중 “「전기사업법」 제73조”를 “「전기안전관리법」 제22조"로 한다.

별표 4 제2호의 일반안전, 기계, 전기 및 화공의 점검 실시자의 인적 자격 요건란 제5호 중 "「전기사업법」 제73조"를 "「전기안전관리법」 제22조"로 한다.

별표 5의 일반안전, 기계, 전기 및 화공의 점검 실시자의 인적 자격 요건란 제4호 중 "「전기사업법」 제73조"를 "「전기안전관리법」 제22조"로 한다.

⑦ 영유아보육법 시행령 일부를 다음과 같이 개정한다.

제25조의6제1항제4호 중 "「전기사업법」 제66조의2"를 "「전기안전관리법」 제13조"로 한다.

별표 1의5 제7호라목의 공시정보의 범위란 중 "「전기사업법」 제66조의2"를 "「전기안전관리법」 제13조"로 한다.

⑧ 영화 및 비디오물의 진흥에 관한 법률 시행령 일부를 다음과 같이 개정한다.

제14조제2항제2호 중 "「전기사업법」 제66조의2"를 "「전기안전관리법」 제13조"로 한다.

⑨ 외국인투자 촉진법 시행령 일부를 다음과 같이 개정한다.

별표 5 제60호 중 "「전기사업법」 제62조"를 "「전기안전관리법」 제8조"로 하고, 같은 표 제61호를 다음과 같이 하며, 같은 표 제62호 중 "「전기사업법」 제65조"를 "「전기안전관리법」 제11조"로 하고, 같은 표 제63호 중 "「전기사업법」 제73조의2"를 "「전기안전관리법」 제23조"로 한다.

61. 「전기사업법」 제63조 및 「전기안전관리법」 제9조에 따른

사용전검사

⑩ 재난 및 안전관리 기본법 시행령 일부를 다음과 같이 개정한다.

제40조제4호 중 "「전기사업법」"을 "「전기안전관리법」"으로 한다.

⑪ 전기사업법 시행령 일부를 다음과 같이 개정한다.

제5조의5제6호 중 "법 제66조제1항"을 "「전기안전관리법」 제12조제1항"으로 하고, 같은 조 제7호 중 "법 제66조제6항"을 "「전기안전관리법」 제12조제6항"으로 한다.

제19조제2항제2호 중 "법 제62조제1항 전단"을 "「전기안전관리법」 제8조제1항 전단"으로 한다.

제42조 중 "법 제61조제1항 및 제62조제1항"을 "법 제61조제1항"으로 한다.

제42조의2, 제42조의3, 제42조의4, 제45조, 제46조, 제49조, 제61조의2 및 제61조의3을 각각 삭제한다.

제62조제1항제4호 및 같은 조 제2항을 각각 삭제하고, 같은 조 제3항 각 호 외의 부분 중 "안전공사"를 "「전기안전관리법」 제30조에 따른 한국전기안전공사"로 하며, 같은 항 제1호, 제4호 및 같은 조 제4항을 각각 삭제한다.

제62조의3제4항 및 제6항을 각각 삭제한다.

별표 1의7, 별표 2 및 별표 3을 각각 삭제한다.

별표 4 제1호의 위반행위란 중 "법 제9조제4항, 제11조제4항, 제26조, 제73조의2제1항, 제73조의5제1항제3호 또는 같은 조 제2항"을 "법 제9조제4항, 제11조제4항 또는 제26조"로 한다.

별표 4 제3호의 위반행위란 중 “법 제18조제2항 · 제66조제4항 또는 제66조의2제3항”을 “법 제18조제2항”으로 한다.

별표 4 제5호의 위반행위란 중 “법 제61조제2항 또는 제62조제2항”을 “법 제61조제2항”으로 한다.

별표 4 제6호부터 제8호까지, 제8호의2 및 제9호부터 제11호까지를 각각 삭제하고, 같은 표 제12호를 제6호로 한다.

⑫ 전력기술관리법 시행령 일부를 다음과 같이 개정한다.

제5조제1항제4호 중 “「전기사업법」 제74조”를 “「전기안전관리법」 제30조”로 한다.

제8조제1항제3호 중 “「전기사업법」”을 “「전기사업법」 및 「전기안전관리법」”으로 한다.

제20조제2항제7호 각 목 외의 부분 중 “「전기사업법」 제73조”를 “「전기안전관리법」 제22조”로 하고, 같은 항 제10호가목 중 “「전기사업법」 제61조 및 제62조”를 “「전기사업법」 제61조 및 「전기안전관리법」 제8조”로 한다.

⑬ 지능형전력망의 구축 및 이용촉진에 관한 법률 시행령 일부를 다음과 같이 개정한다.

제14조제2항제1호 중 “「전기사업법」”을 “「전기사업법」 및 「전기안전관리법」”으로 한다.

별표 1의 지능형전력망서비스제공사업자의 전기차 충전서비스제공사업자의 등록기준란 제1호 중 “「전기사업법」 제73조제1항부터 제4항까지”를 “「전기안전관리법」 제22조제1항부터 제4항까지”로 한다.

⑭ 지방공무원 수당 등에 관한 규정 일부를 다음과 같이 개정한다.

별표 9의 기술분야란 제1호마목 중 “「전기사업법」”을 “「전기안전관리법」”으로 한다.

⑮ 지방세법 시행령 일부를 다음과 같이 개정한다.

별표 1의 제3종 제104호를 다음과 같이 한다.

104. 「전기안전관리법」 제26조에 따른 전기안전관리업무 위탁 등록 및 안전관리업무 대행 등록

⑯ 지속가능한 기반시설 관리 기본법 시행령 일부를 다음과 같이 개정한다.

제6조제2항제4호 중 “「전기사업법」 제74조”를 “「전기안전관리법」 제30조”로 한다.

⑰ 지하안전관리에 관한 특별법 시행령 일부를 다음과 같이 개정한다.

별표 1 제3호라목의 협의 요청시기란 중 “「전기사업법」 제61조 또는 제62조”를 “「전기사업법」 제61조 또는 「전기안전관리법」 제8조”로 한다.

⑱ 항공안전법 시행령 일부를 다음과 같이 개정한다.

제25조의2제7호 중 “「전기사업법」 제74조”를 “「전기안전관리법」 제30조”로 한다.

⑲ 화재예방, 소방시설 설치·유지 및 안전관리에 관한 법률 시행령 일부를 다음과 같이 개정한다.

제9조제2항제6호 중 “「전기사업법」 제74조”를 “「전기안전관리법」 제30조”로 한다.

제23조제2항제6호 중 “「전기사업법」 제73조제1항 및 제2항”을

"「전기안전관리법」 제22조제1항 및 제2항"으로 한다.

⑳ 환경오염피해 배상책임 및 구제에 관한 법률 시행령을 일부를 다음과 같이 개정한다.

제5조에 제16호의2를 다음과 같이 신설한다.

16의2. 「전기안전관리법」

㉑ 환경영향평가법 시행령 일부를 다음과 같이 규정한다.

별표 3 제3호라목의 협의 요청시기란 중 "「전기사업법」 제61조 또는 제62조"를 "「전기사업법」 제61조 또는 「전기안전관리법」 제8조"로 한다.

제3조(다른 법령과의 관계) 이 영 시행 당시 다른 법령에서 전기안전관리에 관하여 종전의 「전기사업법 시행령」의 규정을 인용하고 있는 경우 이 영 가운데 그에 해당하는 규정이 있을 때에는 종전의 규정을 갈음하여 이 영의 해당 규정을 인용한 것으로 본다.

부칙 〈제32709호, 2022. 6. 21.〉

이 영은 2022년 6월 22일부터 시행한다.

부칙 〈제33004호, 2022. 11. 29.〉 (소방시설 설치 및 관리에 관한 법률 시행령)

제1조(시행일) 이 영은 2022년 12월 1일부터 시행한다. 〈단서 생략〉

제2조 부터 제15조까지 생략

제16조(다른 법령의 개정) ①부터 ㉗까지 생략

㉘ 전기안전관리법 시행령 일부를 다음과 같이 개정한다.

제7조제4항제9호나목 중 “「화재예방, 소방시설 설치ㆍ유지 및 안전관리에 관한 법률 시행령」”을 “「소방시설 설치 및 관리에 관한 법률 시행령」”으로 한다.

㉙부터 ㊴까지 생략

제17조 생략

부칙 〈제33401호, 2023. 4. 11.〉

이 영은 2023년 4월 19일부터 시행한다.

부칙 〈제35803호, 2025. 10. 1.〉 (산업통상부와 그 소속기관 직제)

제1조(시행일) 이 영은 공포한 날부터 시행한다. 다만, 부칙 제6조에 따라 개정되는 대통령령 중 이 영 시행 전에 공포되었으나 시행일이 도래하지 않은 대통령령을 개정한 부분은 각각 해당 대통령령의 시행일부터 시행한다.

제2조 부터 제5조까지 생략

제6조(다른 법령의 개정) ①부터 〈70〉까지 생략

〈71〉 전기안전관리법 시행령 일부를 다음과 같이 개정한다.

제2조제1항제4호, 같은 조 제2항 각 호 외의 부분, 같은 항 제6호, 같은 조 제3항, 제3조제2항, 제4조제1항제4호, 제5조, 제9조제1항ㆍ제2항, 제10조 각 호 외의 부분, 제11조제2항 각 호 외의 부분, 제12조제3항, 제14조제1항 각 호 외의 부분, 같은 항 제8호,

제14조의2, 제15조제2호다목, 제16조제1항, 같은 조 제2항제3호, 제17조제1항 각 호 외의 부분, 같은 조 제2항 각 호 외의 부분, 같은 조 제3항 각 호 외의 부분, 같은 조 제4항 각 호 외의 부분, 같은 조 제5항, 제18조제1항 각 호 외의 부분 및 같은 조 제3항 중 "산업통상자원부장관"을 각각 "기후에너지환경부장관"으로 한다.

제2조제3항 중 "산업통상자원부의"를 "기후에너지환경부의"로 한다.

제3조제2항 중 "산업통상자원부에서"를 "기후에너지환경부에서"로 한다.

제8조제1항제2호, 같은 조 제2항제3호, 제13조제2항 각 호 외의 부분 본문, 제17조제2항제2호, 제17조제4항 각 호 외의 부분 및 제17조제5항 중 "산업통상자원부령"을 "기후에너지환경부령"으로 한다.

〈72〉부터 〈101〉까지 생략

부칙 〈제35864호, 2025. 11. 25.〉

이 영은 2025년 11월 28일부터 시행한다. 다만, 제7조제4항제8호마목부터 사목까지, 제8조제1항제6호부터 제8호까지, 별표 5 제1호 및 같은 표 제2호라목의2의 개정규정은 공포한 날부터 시행한다.

별표 / 서식

[별표 1] 전기안전관리에 관한 분야별 업무 정보(제10조 관련)

[별표 2] 전기안전관리업무를 전문으로 하는 자 등의 요건(제11조제1항 관련)

[별표 3] 전기안전관리대행사업자의 요건(제11조제3항 관련)

[별표 4] 전기안전관리업무를 대행하는 자가 갖춰야 할 장비(제11조제5항 관련)

[별표 5] 과태료의 부과기준(제19조 관련)

전기안전관리법 시행규칙

[시행 2025. 11. 28.] [기후에너지환경부령 제6호, 2025. 11. 26., 일부개정]

**개정 예정 법률 밑줄 별도 표시.

전기안전관리법 시행규칙

[시행 2025. 11. 28.] [기후에너지환경부령 제6호, 2025. 11. 26., 일부개정]

제1조(목적) 이 규칙은 「전기안전관리법」 및 같은 법 시행령에서 위임된 사항과 그 시행에 필요한 사항을 규정함을 목적으로 한다.

제2조(정의) 이 규칙에서 사용하는 용어의 뜻은 다음과 같다. 〈개정 2023. 12. 20.〉

1. "전기수용설비"란 수전설비와 구내배전설비를 말한다.
2. "수전설비"란 타인의 전기설비 또는 구내발전설비로부터 전기를 공급받아 구내배전설비로 전기를 공급하기 위한 전기설비로서 수전지점으로부터 배전반(구내배전설비로 전기를 배전하는 전기설비를 말한다)까지의 설비를 말한다.
3. "구내배전설비"란 수전설비의 배전반에서부터 전기사용기기에 이르는 전선로 · 개폐기 · 차단기 · 분전함 · 콘센트 · 제어반 · 스위치 및 그 밖의 부속설비를 말한다.
4. "저압"이란 「전기사업법 시행규칙」 제2조제8호에 따른 저압을 말한다.
5. "고압"이란 「전기사업법 시행규칙」 제2조제9호에 따른 고압을 말한다.

6. “특고압”이란 「전기사업법 시행규칙」 제2조제10호에 따른 특고압을 말한다.

7. “피뢰설비”란 벼락의 영향으로부터 특정 공간·시설 또는 전기설비를 보호하기 위한 설비를 말한다.

제3조(인가 및 신고를 해야 하는 공사계획) ① 「전기안전관리법」(이하 “법”이라 한다) 제8조제1항 전단 및 같은 조 제2항 전단에 따른 자가용전기설비의 설치공사계획 또는 변경공사계획에 대한 인가 및 신고의 대상은 별표 1과 같다.

② 법 제8조제3항에서 “기후에너지환경부령으로 정하는 저압(低壓)에 해당하는 자가용전기설비”란 저압에 해당하는 자가용전기설비(전기저장장치와 무정전전원장치는 제외한다)를 말한다. 〈개정 2023. 12. 6., 2025. 10. 1.〉

제4조(공사계획 인가 등의 신청) ① 법 제8조제1항에 따른 공사계획의 인가 또는 변경인가를 신청하려는 자는 별지 제1호서식의 공사계획 인가(변경인가) 신청서에 별표 2에 따른 공사계획의 인가(변경인가)신청 방법에 따라 작성한 서류를 첨부하여 기후에너지환경부장관에게 제출해야 한다. 〈개정 2025. 10. 1.〉

② 법 제8조제2항에 따른 공사계획의 신고 또는 변경신고를 하려는 자는 별지 제2호서식의 공사계획 신고서(변경신고서)에 별표 2에 따른 공사계획의 신고(변경신고)방법에 따라 작성한 서류를 첨부하여 법 제30조에 따른 한국전기안전공사(이하 “안전공사”라 한다)에 제출해야 한다.

제5조(부득이한 공사의 기준 및 절차 등) ① 법 제8조제4항에 따라

부득이한 공사를 시작한 자는 공사 시작일부터 10일 이내에 별지 제3호서식의 부득이한 공사 신고서를 특별시장·광역시장·특별자치시장·도지사·특별자치도지사(이하 "시·도지사"라 한다) 또는 자유무역지역관리원장(「자유무역지역의 지정 및 운영에 관한 법률」 제2조제1호에 따른 자유무역지역 안의 자가용전기설비의 경우로 한정한다)에게 제출해야 한다.

② 제1항의 신고서에는 다음 각 호의 서류를 첨부해야 한다.

1. 공사의 개요 및 필요성을 적은 서류

2. 해당 공사 후 법 제8조제1항 또는 제2항에 따른 공사가 필요한 경우에는 그 공사계획서

③ 법 제8조제4항에 따라 부득이한 공사를 하는 경우에는 다음 각 호의 사항을 준수해야 한다.

1. 공사계획에 대하여 법 제22조에 따른 전기안전관리자(이하 "전기안전관리자"라 한다)의 확인을 받고, 공사를 시행할 때 전기안전관리자의 감독을 받도록 할 것

2. 공사로 인하여 사람에게 위해(危害)를 끼치거나 주변 건축물이나 그 밖의 시설 등의 안전에 지장을 주지 않도록 할 것

제6조(사용전검사의 대상·기준 및 절차 등) ① 법 제9조에 따른 사용전검사(이하 "사용전검사"라 한다)를 받아야 하는 전기설비는 법 제8조에 따라 공사계획의 인가를 받거나 신고를 하고 설치 또는 변경공사를 하는 전기설비로 한다. 다만, 다음 각 호의 어느 하나에 해당하는 경우에는 사용전검사를 받지 않을 수 있다. 〈개정 2025. 10. 1.〉

1. 전기설비를 시험하기 위하여 일시 사용하는 경우

2. 전기설비의 일부가 완성된 경우에 다른 전기설비를 시험하기 위하여 그 완성된 부분을 일시 사용할 필요가 있는 경우

3. 전기설비의 공사내용과 설치장소의 상황을 고려할 때 기후에너지환경부장관이 안전상 지장이 없다고 인정하여 고시하는 경우

② 제1항에 따른 전기설비 중 용접부에 대한 사용전검사는 발전소의 보일러ㆍ터빈ㆍ압력용기ㆍ액화가스저장조ㆍ액화가스용기화기ㆍ가스홀더ㆍ풍력발전소의 타워 및 냉동설비와 바깥지름이 150밀리미터 이상의 관으로서 다음 각 호의 어느 하나에 해당하는 압력 이상으로 설계된 부분에 대하여 한다. 다만, 지름 61밀리미터 이하의 밸브ㆍ노즐 및 보강재로서 이를 연속되지 않게 붙이기 위하여 용접을 하는 경우에는 사용전검사 대상에서 제외한다. 〈개정 2022. 4. 22.〉

1. 물을 사용하는 용기 또는 관으로서 최고사용온도가 섭씨 100도 미만의 것인 경우에는 최고사용압력이 제곱센티미터 당 20킬로그램

2. 액화가스용 용기 또는 관인 경우에는 최고사용압력이 제곱센티미터 당 0킬로그램

3. 제1호 및 제2호에 따른 용기 외의 용기인 경우에는 최고사용압력이 제곱센티미터 당 1킬로그램

4. 제1호 및 제2호에 따른 관 외의 관인 경우에는 최고사용압력이 제곱센티미터당 10킬로그램(길이방향이음의 경우에는 제곱센티미터당 5킬로그램)

③ 사용전검사의 기준은 다음 각 호와 같다. 〈개정 2025. 10. 1.〉

1. 전기설비의 설치 및 변경공사 내용이 법 제8조제1항 또는 제2항에 따라 인가 또는 신고를 한 공사계획에 적합할 것

2. 「전기사업법」 제67조에 따른 기술기준(이하 "기술기준"이라 한다)에 적합할 것

3. 법 제18조에 따라 기후에너지환경부장관이 고시하는 검사·점검의 방법·절차 등에 적합할 것

④ 사용전검사의 시기는 별표 3과 같다.

⑤ 사용전검사를 받으려는 자는 별지 제4호서식의 사용전검사 신청서에 다음 각 호의 서류를 첨부하여 검사를 받으려는 날의 7일 전까지 안전공사에 제출해야 한다. 다만, 제5호의 서류는 사용전검사를 받는 날까지 제출할 수 있다. 〈개정 2022. 4. 22., 2025. 10. 1.〉

1. 공사계획인가서 또는 신고수리서 사본(저압 자가용전기설비의 경우는 제외한다)

2. 「전력기술관리법」 제2조제3호에 따른 설계도서 및 같은 법 제12조의2제4항에 따른 감리배치확인서(저압 자가용전기설비의 설치공사인 경우만을 말하며, 저압 자가용전기설비의 증설공사 및 변경공사의 경우는 제외한다)

3. 자체감리를 확인할 수 있는 서류(전기안전관리자가 자체감리를 하는 경우만 해당한다)

4. 전기안전관리자 선임신고증명서 사본

5. 그 밖에 사용전검사를 실시하는데 필요한 서류로서 기후에너지환경부장관이 정하여 고시하는 서류

제7조(자가용전기설비의 임시사용 허용기준 등) ① 법 제10조제2항에 따라 자가용전기설비의 임시사용을 허용할 수 있는 경우는 다음 각 호와 같다.

1. 발전기의 출력이 인가를 받거나 신고한 출력보다 낮으나 사용상 안전에 지장이 없다고 인정되는 경우

2. 송전·수전과 직접적인 관련이 없는 보호울타리 등이 시공되지 않은 상태이나 사람이 접근할 수 없도록 안전조치를 한 경우

3. 공사계획을 인가받거나 신고한 전기설비 중 교대성·예비성 설비 또는 비상용 예비발전기가 완공되지 않은 상태이나 주된 설비가 전기의 사용 또는 안전에 지장이 없다고 인정되는 경우

4. 일시적으로 전기설비를 사용해도 안전상 지장이 없다고 인정되는 경우로서 긴급한 사용이 불가피한 경우

② 법 제10조제2항에 따른 자가용전기설비의 임시사용기간은 3개월 이내로 한다. 다만, 임시사용기간에 임시사용의 사유를 해소할 수 없는 특별한 사유가 있다고 인정되는 경우에는 전체 임시사용기간이 1년을 초과하지 않는 범위에서 임시사용기간을 연장할 수 있다.

③ 안전공사는 법 제10조제1항 전단에 따라 전기설비의 임시사용을 허용했을 때에는 그 허용 사유, 사용기간, 사용 범위 및 방법 등을 별지 제5호서식의 검사확인증에 적어 사용전검사 신청인에게 통지해야 한다.

제8조(정기검사의 대상·기준 및 절차 등) ① 법 제11조제1항에 따른 정기검사(이하 "정기검사"라 한다)의 대상이 되는 전기설비와 그 검사의 시기는 별표 4와 같다. 다만, 다음 각 호의 어느 하나에 해

당하는 경우에는 기후에너지환경부장관 또는 시·도지사가 정기검사의 시기를 따로 정할 수 있다. 〈개정 2025. 10. 1.〉

1. 상용 전기설비로서 전력공급의 부족, 재해 또는 긴급사태로 정기검사를 실시하기 곤란하다고 인정하는 경우

2. 그 밖의 전기재해 예방을 위하여 전기재해가 발생하거나 발생할 우려가 현저하여 긴급히 정기검사가 필요하다고 인정하는 경우

② 전기사업자 또는 자가용전기설비의 소유자 또는 점유자는 필요하다고 인정하는 경우에는 제1항에 따른 검사시기 전에 정기검사를 받을 수 있다. 이 경우 검사를 받은 전기설비의 다음 검사시기는 해당 검사일을 기준으로 별표 4에 따른다.

③ 정기검사의 기준은 다음 각 호와 같다. 〈개정 2025. 10. 1.〉

1. 기술기준에 적합할 것

2. 법 제18조에 따라 기후에너지환경부장관이 고시하는 검사·점검의 방법·절차 등에 적합할 것

④ 전기사업자 또는 자가용전기설비의 소유자 또는 점유자는 정기검사에 불합격한 경우 적합하지 않은 부분에 대해 검사완료일부터 3개월 이내에 재검사를 받아야 한다. 다만, 안전공사는 별표 4 제1호(5)(나)에 따른 태양광발전소의 부지 및 구조물이 정기검사에 불합격한 경우로서 전기사업자 또는 자가용전기설비의 소유자 또는 점유자가 계절적·환경적 요인으로 개보수 등을 할 수 없어 3개월 이내에 재검사를 받을 수 없다고 인정하는 경우에는 검사완료일부터 6개월을 초과하지 않는 범위에서 재검사기간을 연장할 수 있다. 〈개정 2025. 4. 23.〉

⑤ 정기검사를 받으려는 자는 별지 제6호서식의 정기검사 신청서에 다음 각 호의 서류를 첨부하여 검사를 받으려는 날의 7일 전까지 안전공사에 제출해야 한다. 다만, 제2호의 서류는 정기검사를 받는 날까지 제출할 수 있다. 〈개정 2022. 4. 22., 2025. 10. 1.〉

1. 전기안전관리자 선임신고증명서 사본

2. 그 밖에 정기검사를 실시하는데 필요한 서류로서 기후에너지환경부장관이 정하여 고시하는 서류

제9조(검사 결과의 통지 등) ① 안전공사는 사용전검사 또는 정기검사를 한 경우 검사완료일부터 5일 이내에 별지 제5호 서식의 검사확인증을 검사신청인에게 내주어야 한다. 다만, 검사 결과 불합격인 경우에는 그 내용·사유 및 재검사 기한을 통지해야 한다.

② 안전공사는 제6조제4항 또는 제8조제1항에 따른 검사시기나 제8조제4항에 따른 재검사 기간을 지나 검사를 받지 않고 전기설비를 사용하는 자를 기후에너지환경부장관 또는 시·도지사에게 보고해야 한다. 〈개정 2022. 4. 22., 2025. 10. 1.〉

③ 안전공사는 제8조제4항에 따른 재검사 결과가 기술기준에 부적합한 경우에는 그 내용을 기후에너지환경부장관 또는 시·도지사에게 보고해야 한다. 〈개정 2025. 10. 1.〉

제10조(전기설비 검사자의 자격) 사용전검사 및 정기검사는 「국가기술자격법」에 따른 전기·안전관리(전기안전)·토목·기계 분야의 기술자격을 가진 사람 중 다음 각 호의 어느 하나에 해당하는 사람이 수행해야 한다. 다만, 기능장, 기사 또는 산업기사 자격을 취득하였으나 제2호 및 제3호에 따른 실무경력 기간에 미달한 사람은 제1호

부터 제3호까지의 전기설비 검사자가 수행하는 검사의 보조업무만을 수행해야 한다. 〈개정 2023. 12. 20.〉

1. 해당 분야의 기술사 자격을 취득한 사람

2. 해당 분야의 기능장 또는 기사 자격을 취득한 사람으로서 그 자격을 취득한 후 해당 분야에서 4년 이상 실무경력이 있는 사람

3. 해당 분야의 산업기사 자격을 취득한 사람으로서 그 자격을 취득한 후 해당 분야에서 6년 이상 실무경력이 있는 사람

제11조(일반용전기설비의 사용전점검 시기 및 절차 등) ① 법 제12조제1항에 따른 일반용전기설비의 사용전점검(이하 "사용전점검"이라 한다)은 전기설비의 설치공사 또는 변경공사가 완료된 후 전기를 공급받기 전에 받아야 한다.

② 사용전점검을 받으려는 자는 전기사용계약별로 별지 제7호서식의 사용전점검 신청서에 다음 각 호의 서류를 첨부하여 점검을 받으려는 날의 3일전까지 안전공사에 제출해야 한다. 〈개정 2022. 1. 21., 2023. 4. 19.〉

1. 전기설비 단선결선도[전기적 연결을 간략하게 한 줄의 선으로 나타낸 그림을 말하며, 「신에너지 및 재생에너지 개발 · 이용 · 보급 촉진법」 제2조제2호가목에 따른 태양에너지를 이용하는 발전설비(이하 "태양광발전설비"라 한다)의 경우 「전력기술관리법」 제2조제3호에 따른 설계도서를 포함한다. 이하 같다]

2. 전기사용신청서 사본 또는 전기사용계약을 증명할 수 있는 서류

③ 안전공사는 사용전점검 결과가 적합한 경우에는 지체 없이 별지 제8호서식의 사용전점검 확인증을 점검신청인에게 내주어야 한

다. 〈개정 2023. 4. 19.〉

제12조(일반용전기설비의 정기점검 시기 및 절차 등) ① 안전공사는 법 제12조제1항에 따라 실시하는 일반용전기설비의 정기점검(이하 "정기점검"이라 한다)을 사용전점검 또는 정기점검을 한 후 다음 각 호의 어느 하나에 해당하게 된 날이 속하는 달의 전후 2개월 이내에 실시해야 한다. 다만, 사용전점검 후 최초의 정기점검은 해당 전기설비가 설치된 장소와 읍·면·동에 설치된 다른 일반용전기설비의 정기점검과 같은 시기에 실시할 수 있다. 〈개정 2024. 6. 25., 2025. 10. 1.〉

1. 다음 각 목의 시설에 설치된 전기설비는 1년이 되는 날

가. 「전기사업법 시행규칙」 제3조제2항제2호 또는 제3호에 따른 시설. 다만, 용량 20킬로와트 미만의 전기설비가 설치된 시설만 해당한다.

나. 「공중위생관리법」 제2조제2호에 따른 숙박업 또는 같은 조 제3호에 따른 목욕장업 시설

다. 「영화 및 비디오물의 진흥에 관한 법률」 제2조제16호에 따른 비디오물시청제공업 시설, 「게임산업진흥에 관한 법률」 제2조제6호에 따른 게임제공업 시설 또는 같은 조 제7호에 따른 인터넷컴퓨터게임시설제공업 시설 및 「음악산업진흥에 관한 법률」 제2조제13호에 따른 노래연습장업 시설

라. 「청소년활동 진흥법」 제10조제1호에 따른 청소년수련시설 및 「관광진흥법」 제3조제1항다목에 따른 야영장업 시설

마. 「사회복지사업법」 제2조제4호에 따른 사회복지시설. 다만,

「노인복지법」 제38조제1항제1호에 따른 방문요양서비스 시설 및 같은 항 제4호에 따른 방문 목욕서비스 시설은 제외한다.

바. 「유아교육법」 제2조제2호에 따른 유치원

사. 「문화재보호법」 제2조에 따른 문화재시설

아. 「도로법」 제2조제2호에 따른 도로부속물 중 가로등 시설. 다만, 「도로법」 제48조에 따른 자동차전용도로의 가로등 시설은 제외한다.

자. 「도로교통법 시행규칙」 제7조에 따른 신호등 시설

차. 「통계법」 제22조에 따라 국가데이터처장이 고시하는 산업에 관한 표준분류에 따른 광업, 제조업, 전기 · 가스 및 수도사업, 하수 · 폐기물 처리 및 청소 관련 서비스업을 하기 위한 설비

카. 「모자보건법」 제2조제10호에 따른 산후조리원 시설

타. 「식품위생법 시행령」 제21조제8호가목에 따른 휴게음식점영업 시설 또는 같은 호 나목에 따른 일반음식점영업 시설

파. 「전기안전관리법 시행령」(이하 "영"이라 한다) 제7조제4항제8호의 영업을 하는 시설

하. 「농어촌정비법」 제2조제16호라목에 따른 농어촌민박사업 시설

거. 「전통시장 및 상점가 육성을 위한 특별법」 제2조제1호에 따른 전통시장

2. 「초 · 중등교육법」 제2조에 따른 학교에 설치된 전기설비는 2년이 되는 날

3. 제1호 및 제2호의 시설 외의 시설에 설치된 전기설비는 3년이

되는 날

② 안전공사는 정기점검 결과 부적합한 시설에 대해서는 그 사실을 통지한 날부터 2개월 이내에 재점검을 실시해야 한다.

③ 제1항 및 제2항에도 불구하고 기후에너지환경부장관은 재해 또는 그 밖의 긴급사태로 정기점검을 실시하기 곤란하다고 인정되는 경우에는 정기점검 시기를 따로 정할 수 있다. 〈개정 2025. 10. 1.〉

제13조(일반용전기설비 점검자의 자격) 법 제12조제1항에 따른 일반용전기설비의 점검은 다음 각 호의 어느 하나에 해당하는 사람이 수행해야 한다.

1. 「국가기술자격법」에 따른 전기 분야 기능사 이상 자격이 있는 사람

2. 「초ㆍ중등교육법」 제2조제3호에 따른 고등학교에서 전기에 관한 학과를 졸업한 사람 또는 이와 같은 수준 이상의 학력이 있는 사람

제13조의2(원격점검에 따른 일반용전기설비의 정기점검 시기 조정) ① 안전공사가 주거용 시설물에 설치된 일반용전기설비에 대하여 법 제12조제2항에 따른 원격점검(이하 "원격점검"이라 한다)을 실시하는 경우에는 같은 항 단서에 따라 정기점검을 실시하는 것으로 본다.

② 안전공사가 주거용 시설물 외의 시설물에 설치된 일반용 전기설비에 대하여 원격점검을 실시하는 경우에는 법 제12조제2항 단서에 따라 원격점검기능이 있는 장치를 설치한 후 5년이 되는 날이 속하는 달의 전후 2개월 이내로 정기점검의 시기를 조정할 수 있다.

③ 제1항 및 제2항에도 불구하고 기후에너지환경부장관은 재해

또는 그 밖의 긴급사태로 원격점검을 실시하기 곤란하다고 인정되는 경우에는 정기점검 시기를 따로 정할 수 있다. 〈개정 2025. 10. 1.〉

[본조신설 2022. 6. 22.]

제14조(점검 결과의 기록 등) 법 제12조제7항에 따라 안전공사는 일반용전기설비를 점검하거나 그 점검 결과를 통지한 경우에는 다음 각 호의 사항을 적은 서류 또는 자료를 3년간 보존해야 한다. 〈개정 2022. 6. 22., 2023. 4. 19.〉

1. 일반용전기설비의 소유자 등의 성명(법인인 경우에는 그 명칭과 대표자의 성명) 및 주소
2. 점검 연월일
3. 점검의 결과
4. 통지 연월일
5. 통지사항
6. 점검자의 성명
7. 사용전점검의 경우에는 시공자의 성명(법인인 경우에는 그 명칭과 대표자의 성명)

제15조(정기점검 결과에 따른 조치 등) ① 법 제12조제8항 후단에 따라 안전공사가 부적합한 일반용전기설비의 소유자 또는 점유자에게 직접 전기설비의 수리·개조 또는 이전에 관한 명령(이하 "개선명령"이라 한다)을 해야 하는 경우는 전기설비에 대한 점검결과 절연저항, 인입구배선 및 옥내(屋內)·옥외(屋外)·건물쪽 배선, 누전차단기, 개폐기(차단기를 포함한다), 접지 중 3개 항목 이상이 부적합

한 경우로 한다. 〈개정 2022. 1. 21., 2022. 6. 22.〉

② 특별자치도지사 · 특별자치시장 · 시장 · 군수 · 구청장(자치구의 구청장을 말하며, 이하 "시장 · 군수 · 구청장"이라 한다)은 개선명령을 한 경우에는 그 사실을 안전공사에 통보해야 한다. 이 경우 안전공사는 개선명령의 이행 여부를 확인해야 한다.

③ 시장 · 군수 · 구청장이 법 제12조제9항 전단에 따라 전기판매사업자에게 전기공급의 정지요청을 하는 경우에는 서면으로 해야 한다. 〈개정 2022. 6. 22.〉

④ 법 제12조제9항 전단에 따라 전기공급의 정지요청을 받은 전기판매사업자는 그 조치 결과를 시장 · 군수 · 구청장에게 통보해야 한다. 〈개정 2022. 6. 22.〉

⑤ 안전공사는 제12조제1항, 제2항 또는 제13조의2제2항에 따라 정기점검 또는 재점검을 하는 경우 해당 점검을 거부 · 방해 또는 기피한 자가 있을 때에는 그 사실을 지체 없이 시장 · 군수 · 구청장에게 통보해야 한다. 〈개정 2022. 6. 22.〉

제16조(점검에 필요한 자료의 요청) ① 법 제12조제10항 전단에 따라 안전공사가 일반용전기설비의 점검을 위하여 전기판매사업자에게 요청할 수 있는 자료는 다음 각 호와 같다. 〈개정 2022. 6. 22.〉

1. 일반용전기설비의 설치장소, 공급전압, 계약전력 등 전기를 공급받는 자에 관한 자료

2. 일반용전기설비의 휴지, 폐지, 전기의 재공급, 계약전력의 증감 등 전기공급 내용의 변경자료

② 제1항에 따른 자료의 제공 요청을 받은 전기판매사업자는 요

청을 받은 날부터 30일 이내에 해당 자료를 안전공사에 제공해야 한다.

제17조(점검기준 및 점검방법) 법 제12조제12항에 따른 일반용전기설비의 점검기준 및 점검방법은 별표 5와 같다. 〈개정 2022. 6. 22.〉

제18조(여러 사람이 이용하는 시설 등에 대한 전기안전점검 기준 등) ① 법 제13조제1항 및 제2항에 따른 여러 사람이 이용하는 시설, 지정문화재 및 그 보호구역 내의 시설(이하 "다중이용시설등"이라 한다)에 대한 전기안전점검(이하 "전기안전점검"이라 한다)의 기준은 다음 각 호와 같다. 〈개정 2025. 10. 1.〉

1. 일반용전기설비에 대해서는 제17조에 따른 기준 및 기후에너지환경부장관이 고시하는 점검 기준

2. 자가용전기설비에 대해서는 기술기준 및 기후에너지환경부장관이 고시하는 검사 기준

② 법 제13조제1항 및 제2항에 따라 전기안전점검을 받으려는 자(전기설비를 새로 설치하거나 변경하는 자를 말한다)는 별지 제9호서식의 전기안전점검 신청서에 전기설비 단선결선도를 첨부하여 안전점검을 받으려는 날의 3일 전까지 안전공사에 제출해야 한다.

③ 안전공사는 전기안전점검 결과가 적합한 경우에는 지체 없이 별지 제10호서식의 전기안전점검 확인서를 전기안전점검 신청인에게 발급해야 한다. 다만, 전기안전점검 결과 부적합한 경우에는 그 내용 및 사유를 지체 없이 전기안전점검 신청인에게 통지해야 한다.

제19조(전기안전점검 결과의 기록 등) 법 제13조제3항에 따라 안전공사가 전기안전점검을 한 경우에는 다음 각 호의 사항을 적은 서

류 또는 자료를 3년간 보존해야 한다.

1. 다중이용시설등의 소유자 등의 성명(법인인 경우에는 그 명칭과 대표자의 성명을 말한다) 및 주소

2. 전기안전점검 연월일

3. 전기안전점검 결과

4. 전기안전점검자의 성명

5. 시공자의 성명(법인인 경우에는 그 명칭과 대표자의 성명을 말한다)

제20조(공동주택 등의 안전점검에 대한 시기 및 절차 등) ① 안전공사는 법 제14조제1항 각 호의 시설에 설치된 자가용전기설비에 대한 안전점검을 다음 각 호의 구분에 따른 날이 속하는 달의 전후 2개월 이내에 실시해야 한다. 〈개정 2024. 6. 25.〉

1. 법 제14조제1항제1호에 따른 공동주택(용량 1천킬로와트 미만의 전기수용설비가 설치된 공동주택으로 한정한다)의 세대: 사용전검사를 한 후 25년이 되는 날부터 3년 이내에 안전점검을 실시한 후, 그 안전점검을 한 날부터 매 3년이 되는 날

2. 법 제14조제1항제2호에 따른 전통시장 점포: 「전통시장 및 상점가 육성을 위한 특별법 시행령」 제2조제4항에 따라 인정서가 발급된 날부터 1년 이내에 안전점검을 실시한 후, 그 안전점검을 한 날부터 매 1년이 되는 날

② 제1항에 따른 안전점검에 관하여는 제12조제2항·제3항, 제13조, 제13조의2, 제14조, 제15조 및 제17조를 준용한다. 〈개정 2022. 6. 22.〉

제21조(공동주택 등의 안전점검에 필요한 자료 요청) ① 안전공사는 법 제14조제1항에 따라 「주택법」 제2조제3호에 따른 공동주택의 세대 및 「전통시장 및 상점가 육성을 위한 특별법」 제2조제1호에 따른 전통시장 점포의 안전점검을 위하여 전기판매사업자에게 공동주택 및 전통시장의 설치장소, 공급전압, 계약전력 등 전기를 공급받는 자에 관한 자료를 요청할 수 있다.

② 제1항에 따른 자료의 제공 요청을 받은 전기판매사업자는 특별한 사유가 없으면 요청을 받은 날부터 30일 이내에 해당 자료를 안전공사에 제공해야 한다.

제22조(긴급점검 절차 등) ① 기후에너지환경부장관 또는 안전공사는 법 제16조제1항에 따른 긴급점검을 실시할 때에는 전기사업자 또는 자가용·일반용 전기설비의 소유자 또는 점유자에게 긴급점검 대상, 기간 및 사유 등을 서면으로 통지해야 한다. 다만, 긴급점검의 실시를 사전에 통지하면 긴급점검의 목적을 달성할 수 없는 경우에는 통지하지 않을 수 있다. 〈개정 2025. 10. 1.〉

② 기후에너지환경부장관 또는 안전공사는 제1항에 따라 긴급점검을 실시했을 때에는 긴급점검 결과 및 안전조치 사항 등을 기록·보존해야 한다. 〈개정 2025. 10. 1.〉

제23조(안전조치명령 및 이행결과 통보) ① 기후에너지환경부장관은 법 제16조제3항에 따른 전기설비의 개수·철거·이전 또는 공사중지, 사용정지, 운용제한, 그 밖에 필요한 조치를 명할 때에는 별지 제11호서식의 안전조치명령서를 전기사업자 또는 자가용·일반용 전기설비의 소유자 또는 점유자에게 발급해야 한다. 〈개정 2025.

10. 1.〉

② 제1항에 따라 안전조치명령을 받은 전기사업자 또는 자가용·일반용 전기설비의 소유자 또는 점유자는 해당 안전조치를 이행하였을 경우 별지 제12호서식의 안전조치 이행결과 통보서에 안전조치 결과를 증명할 수 있는 서류를 첨부하여 기후에너지환경부장관에게 통보해야 한다. 〈개정 2025. 10. 1.〉

제24조(안전등급 지정의 대상·기준 및 절차) ① 법 제17조제1항에 따른 전기설비의 안전등급 지정 대상은 다음 각 호의 시설에 설치된 전기설비[제1호의 경우에는 일반용전기설비로, 제4호의 경우에는 별표 4 제2호나목(3)에 따른 고압 이상의 전기수용설비, 비상용 예비발전설비 및 전기자동차 충전설비(단독으로 설치된 경우를 포함한다)로 한정한다]로 한다. 〈개정 2024. 6. 25.〉

1. 제12조제1항제1호 각 목에 따른 시설
2. 「전기사업법」 제2조제12호에 따른 구역전기사업자의 시설
3. 「전통시장 및 상점가 육성을 위한 특별법」 제2조제1호에 따른 전통시장
4. 「건축법 시행령」 별표 1 제2호가목에 따른 아파트

② 법 제17조제1항에 따른 전기설비의 안전등급 기준은 별표 6과 같다.

③ 기후에너지환경부장관 또는 시·도지사는 법 제11조·제12조·제14조에 따른 검사 및 점검을 완료한 경우 전기설비의 안전등급을 지정하여 해당 전기설비의 소유자 또는 점유자에게 통보해야 한다. 〈개정 2025. 10. 1.〉

④ 제3항에 따라 통보받은 전기설비의 소유자 또는 점유자는 법 제17조제2항 각 호의 어느 하나에 해당하는 사유로 전기설비의 안전등급을 변경하려는 경우에는 별지 제13호서식의 전기설비의 안전등급 변경 신청서에 변경사유를 증명할 수 있는 서류를 첨부하여 기후에너지환경부장관 또는 시·도지사에게 제출해야 한다. 〈개정 2025. 10. 1.〉

⑤ 기후에너지환경부장관 또는 시·도지사는 법 제17조제2항에 따라 전기설비의 안전등급을 변경한 경우 변경한 날부터 15일 이내에 해당 전기설비의 소유자 또는 점유자에게 변경사실을 통보해야 한다. 〈개정 2025. 10. 1.〉

⑥ 법 제17조제3항에 따른 검사 및 점검 시기의 조정기준은 별표 7과 같다.

⑦ 제1항부터 제6항까지에서 규정한 사항 외에 안전등급의 지정에 관한 세부사항은 기후에너지환경부장관이 정하여 고시한다. 〈신설 2024. 6. 25., 2025. 10. 1.〉

제24조의2(전기자동차 충전시설의 설치신고 등) ① 법 제21조의2제1항에 따라 전기자동차(「환경친화적 자동차의 개발 및 보급 촉진에 관한 법률」 제2조제3호에 따른 전기자동차를 말한다. 이하 같다) 충전시설의 설치신고 또는 변경신고를 하려는 자는 별지 제13호의2서식의 전기자동차 충전시설 설치(변경)신고서를 관할 시·도지사에게 제출해야 한다.

② 법 제21조의2제1항 후단에 따라 변경신고를 해야 하는 경우는 다음 각 호와 같다.

1. 전기자동차 충전시설의 위치를 변경하는 경우

2. 전기자동차 충전시설의 설치수량을 변경하는 경우

3. 전기자동차 충전시설의 규격(충전시설의 전기용량을 포함한다)을 변경하는 경우

4. 전기자동차 충전시설 운영자의 회사명 또는 상호를 변경하는 경우

[본조신설 2025. 11. 26.]

제25조(전기안전관리자의 선임 등) ① 법 제22조제1항에 따라 전기안전관리자를 선임해야 하는 전기설비는 다음 각 호의 전기설비 외의 전기설비를 말한다.

1. 저압에 해당하는 전기수용설비(「전기사업법 시행규칙」 제3조제2항 각 호에 따른 전기설비는 제외한다)로서 제조업 및 「기업활동 규제완화에 관한 특별조치법 시행령」 제2조에 따른 제조업 관련 서비스업에 설치하는 전기수용설비

2. 심야전력을 이용하는 전기설비로서 저압에 해당하는 전기수용설비

3. 휴지(休止) 중인 다음 각 목의 전기설비

가. 전기설비의 소유자 또는 점유자가 전기사업자에게 전기설비의 휴지를 통지한 전기설비

나. 심야전력 전기설비(전기공급계약에 따라 사용을 중지한 경우만 해당한다)

다. 농사용 전기설비(전기를 공급받는 지점에서부터 사용설비까지의 모든 전기설비를 사용하지 않는 경우만 해당한다)

4. 설비용량 20킬로와트 이하의 발전설비

② 법 제22조에 따라 전기안전관리자를 선임해야 하는 자는 전기설비의 사용전검사 신청 전 또는 사업개시 전에 별표 8에 따라 전기설비 또는 사업장마다 전기안전관리자와 안전관리보조원으로 구분하여 전기안전관리자를 선임해야 한다.

③ 법 제22조제1항·제2항 및 제4항에 따라 선임되는 전기안전관리자는 그 전기설비의 소유자·점유자 또는 그 전기설비의 소유자·점유자로부터 전기안전관리업무를 위탁받은 자(「농어촌 전기공급사업 촉진법」제2조제2호에 따른 전기사업자로부터 전기안전관리업무를 위탁받은 자를 포함한다)의 소속 기술인력으로서 전기설비의 설치장소의 사업장에 상시 근무를 해야 하고, 다른 사업장의 전기설비의 전기안전관리자로 선임될 수 없다. 다만, 법 제22조제1항 또는 제4항에 따라 선임되는 전기안전관리자는 다음 각 호의 어느 하나에 해당하는 전기설비에 한정하여 전기안전관리업무를 1명이 할 수 있다. 〈개정 2022. 4. 22., 2023. 12. 20., 2025. 10. 1.〉

1. 1천미터 이내에 있는 2개소의 유수지 배수펌프용 전기설비

2. 농사용으로 동일 수계에 설치된 4개소 이하의 양수 및 배수펌프용 전기설비

3. 동일 노선의 고속국도 또는 국도에 설치된 2개소[기후에너지환경부장관이 정하여 고시하는 기준을 충족하는 원격감시 및 제어기능(이하 "원격감시·제어기능"이라 한다)이 포함된 교통관제시설을 갖춘 고속국도는 4개소]의 터널용 전기설비

4. 다음 각 목의 요건을 모두 갖춘 전기설비

가. 동일 산업단지(「산업입지 및 개발에 관한 법률」 제2조제8호에 따른 산업단지를 말하며, 이하 이 조에서 "산업단지"라 한다) 내에 2개 이상의 사업장을 운영 중인 동일 사업자의 설비일 것

나. 설비용량(동일 산업단지 내 사업장에 설치된 전기설비의 설비용량만을 말한다)의 합계가 2천 500킬로와트 미만일 것

5. 「전기사업법」 제2조제12호의5에 따른 전기자동차충전사업자(자가용전기설비의 소유자 또는 점유자에 해당하는 경우를 말한다)의 경우 동일 사업자의 60개소(원격감시 · 제어기능을 갖춘 경우에는 120개소를 말한다) 이하의 전기자동차 충전소 전기설비

6. 「농어촌 전기공급사업 촉진법」 제2조제2호에 따른 전기사업자(자가발전시설에 의하여 전기를 공급하는 지역은 시장 · 군수를 말한다)가 관리하는 동일 도서 지역의 4개소 이하의 전기설비

제26조(전기안전관리업무의 대행규모) 법 제22조제3항에 따라 안전공사, 같은 항 제2호에 따른 전기안전관리대행사업자(이하 "대행사업자"라 한다) 및 같은 항 제3호에 따른 자(이하 "개인대행자"라 한다)가 전기안전관리업무를 대행할 수 있는 전기설비의 규모는 다음 각 호의 구분에 따른다. 〈개정 2022. 4. 22., 2024. 6. 25.〉

1. 안전공사 및 대행사업자: 다음 각 목의 어느 하나에 해당하는 전기설비(둘 이상의 전기설비 용량의 합계가 4천 500킬로와트 미만 경우로 한정한다)

가. 전기수용설비: 용량 1천킬로와트 미만인 것

나. 「신에너지 및 재생에너지 개발 · 이용 · 보급 촉진법」 제2조제1호 및 제2호에 따른 신에너지와 재생에너지를 이용하여 전기를

생산하는 발전설비(이하 이 조에서 "신재생에너지 발전설비"라 한다) 중 태양광발전설비: 용량 1천킬로와트(원격감시 · 제어기능을 갖춘 경우 용량 3천킬로와트) 미만인 것

다. 전기사업용 신재생에너지 발전설비 중 연료전지발전설비(원격감시 · 제어기능을 갖춘 것으로 한정한다): 용량 500킬로와트 미만인 것

라. 그 밖의 발전설비(전기사업용 신재생에너지 발전설비의 경우 원격감시 · 제어기능을 갖춘 것으로 한정한다): 용량 300킬로와트(비상용 예비발전설비의 경우에는 용량 500킬로와트) 미만인 것

2. 개인대행자: 다음 각 목의 어느 하나에 해당하는 전기설비(둘 이상의 용량의 합계가 1천 550킬로와트 미만인 전기설비로 한정한다)

가. 전기수용설비: 용량 500킬로와트 미만인 것

나. 신재생에너지 발전설비 중 태양광발전설비: 용량 250킬로와트(원격감시 · 제어기능을 갖춘 경우 용량 750킬로와트) 미만인 것

다. 전기사업용 신재생에너지 발전설비 중 연료전지발전설비(원격감시 · 제어기능을 갖춘 것으로 한정한다): 용량 250킬로와트 미만인 것

라. 그 밖의 발전설비(전기사업용 신재생에너지 발전설비의 경우 원격감시 · 제어기능을 갖춘 것으로 한정한다): 용량 150킬로와트(비상용 예비발전설비의 경우에는 용량 300킬로와트) 미만인 것

제27조(안전공사의 전기안전관리업무 대행 지역) 법 제22조제3항 각 호 외의 부분 단서에서 "격지 · 오지 등 기후에너지환경부령으로

정하는 지역"이란 다음 각 호의 지역을 말한다. 〈개정 2025. 4. 23., 2025. 10. 1.〉

1. 「농업 · 농촌 및 식품산업 기본법」 제3조제5호에 따른 농촌 지역

2. 「수산업 · 어촌 발전 기본법」 제3조제6호에 따른 어촌 지역

3. 「도서개발 촉진법」 제2조제1항에 따른 도서 지역

4. 「개성공업지구 지원에 관한 법률」 제2조제1호에 따른 개성공업지구

5. 「군사기지 및 군사시설 보호법」 제2조제6호에 따른 군사기지 및 군사시설 보호구역

6. 「통합방위법」 제2조제13호에 따른 국가중요시설의 구역

7. 「보안업무규정」 제32조에 따른 국가보안시설의 구역

8. 그 밖에 대행사업자와 개인대행자가 전기안전관리업무 대행이 곤란하다고 기후에너지환경부장관이 인정하는 지역

[시행일: 2028. 4. 1.] 제27조

제28조(전기안전관리자 자격의 완화) 법 제22조제4항에 따라 같은 조 제1항부터 제3항까지의 규정에 따른 전기안전관리자를 선임하기 곤란하거나 적합하지 않다고 인정되는 지역 또는 전기설비의 범위와 전기안전관리자로 선임할 수 있는 사람의 자격기준은 다음 각 호와 같다.

1. 다음 각 목의 어느 하나에 해당하는 전기설비: 「국가기술자격법」에 따른 전기 · 토목 · 기계 분야 기능사 이상의 자격소지자 또는 「초 · 중등교육법」 제2조제3호에 따른 고등학교의 전기 · 토목 · 기계 관련 학과 졸업 이상의 학력을 갖춘 후 해당 분야에서 3년 이상의

실무경력이 있는 사람

가. 통행 또는 사용의 제한을 받는 군사시설보호구역에 설치된 설비용량 500킬로와트 이하의 전기설비

나. 섬이나 외딴곳에 설치된 설비용량 1천킬로와트 이하의 전기설비 및 발전설비

다. 「신에너지 및 재생에너지 개발·이용·보급 촉진법」 제2조제1호 또는 제2호에 따른 신에너지 또는 재생에너지를 이용하여 전기를 생산하는 설비용량 1천킬로와트 이하의 발전설비

2. 군사용시설에 속하는 전기설비: 「국가기술자격법」에 따른 전기분야 기능사 이상의 자격소지자 또는 군 교육기관에서 정해진 교육을 이수한 사람

제29조(전기안전관리자의 직무대행자의 지정요건) ① 법 제22조제5항에 따라 지정되는 전기안전관리자의 직무대행자는 다음 각 호의 어느 하나에 해당하는 사람으로 한다.

1. 「국가기술자격법」에 따른 전기·토목·기계 분야 기능사 이상의 자격소지자

2. 「초·중등교육법」 제2조제3호에 따른 고등학교의 전기·토목·기계 관련 학과 졸업 이상의 학력을 갖춘 후 해당 분야에서 1년 이상의 실무경력이 있는 사람

3. 해당 전기설비의 일상적인 운용을 위한 운전·조작 또는 이에 대한 업무의 감독이 가능한 사람

② 법 제22조제5항에 따라 전기안전관리자의 직무대행자로 지정된 사람은 전기설비의 안전관리를 위한 확인과 전기설비의 일상적인

운용을 위한 운전·조작 또는 이에 대한 감독업무를 수행한다.

③ 법 제22조제5항에 따라 전기안전관리자의 직무대행자를 지정한 자는 별지 제14호서식의 전기안전관리자의 직무대행자 지정서를 작성하여 갖춰두어야 한다.

④ 법 제22조제5항에 따라 지정된 전기안전관리자의 직무대행자의 직무대행기간은 30일을 초과할 수 없다.

제30조(전기안전관리자의 자격 및 직무) ① 법 제22조제6항에 따른 전기안전관리자의 세부 기술자격은 별표 8과 같다.

② 법 제22조에 따라 선임된 전기안전관리자의 직무 범위는 다음 각 호와 같다. 〈개정 2022. 4. 22.〉

1. 전기설비의 공사·유지 및 운용에 관한 업무 및 이에 종사하는 사람에 대한 안전교육

2. 전기설비의 안전관리를 위한 확인·점검 및 이에 대한 업무의 감독

3. 전기설비의 운전·조작 또는 이에 대한 업무의 감독

4. 법 제24조제3항에 따른 전기안전관리에 관한 기록의 작성·보존

5. 공사계획의 인가신청 또는 신고에 필요한 서류의 검토

6. 다음 각 목의 어느 하나에 해당하는 공사의 감리 업무

가. 비상용 예비발전설비의 설치·변경공사로서 총공사비가 1억원 미만인 공사

나. 전기수용설비의 증설 또는 변경공사로서 총공사비가 5천만원 미만인 공사

다. 「신에너지 및 재생에너지 개발·이용·보급 촉진법」에 따른 신에너지 및 재생에너지 설비의 증설 또는 변경 공사로서 총공사비가 5천만원 미만인 공사

7. 전기설비의 일상점검·정기점검·정밀점검의 절차, 방법 및 기준에 관한 안전관리규정의 작성

8. 전기재해의 발생을 예방하거나 그 피해를 줄이기 위하여 필요한 응급조치

③ 제2항 각 호에 따른 전기안전관리자의 직무에 관한 세부적인 사항은 기후에너지환경부장관이 정하여 고시한다. 〈개정 2025. 10. 1.〉

제31조(전기안전관리업무의 대행 범위 등) ① 대행사업자 및 개인대행자가 대행할 수 있는 범위는 그 등록을 한 시·도지사의 관할구역으로 한다.

② 안전공사 및 대행사업자나 개인대행자 1명이 할 수 있는 전기안전관리대행 개소(個所) 및 전기설비별 점검횟수는 별표 9와 같다.

제32조(전기안전관리업무의 대행 대가) 법 제22조제7항에 따른 안전관리업무의 대행 대가는 「엔지니어링산업 진흥법」 제31조에 따른 엔지니어링사업의 대가 기준 중 실비정액가산방식에 따라 산정한다.

제33조(전기안전관리 장비) 법 제22조제8항에 따라 전기안전관리자를 선임한 자가 보유해야 하는 전기안전관리에 필요한 장비는 별표 10과 같다.

제34조(전기안전관리자의 선임 및 해임신고) ① 법 제23조제1항에 따라 법 제22조제1항·제2항 또는 제4항에 따른 전기안전관리자의 선임 또는 해임 신고를 하려는 자는 별지 제15호서식의 전기안전관

리자 선임(해임) 신고서에 다음 각 호의 구분에 따른 서류를 첨부하여 선임 또는 해임한 날부터 30일 이내에 「전력기술관리법」 제18조에 따라 설립된 전력기술인단체 중 기후에너지환경부장관이 지정하여 고시하는 단체(이하 "전력기술인단체"라 한다)에 제출해야 한다. 〈개정 2025. 10. 1.〉

1. 선임하는 경우에는 다음 각 목의 서류

가. 선임되는 전기안전관리자의 국가기술자격증 사본

나. 선임되는 전기안전관리자의 재직증명서와 실무경력증명서(해당자만 제출한다) 또는 그 증명서류

다. 선임되는 전기안전관리자의 졸업증명서 또는 교육이수증(제28조에 해당하는 사람만 제출한다)

라. 전기안전관리위탁계약서 사본(법 제22조제2항에 따라 전기안전관리업무를 위탁 받은 자만 제출한다)

2. 해임하는 경우에는 전기안전관리자의 직무대행자 지정서 사본(후임자의 선임 없이 해임하는 경우만 제출한다)

② 법 제23조제1항에 따라 법 제22조제3항에 따른 전기안전관리자의 선임 또는 해임 신고를 하려는 자는 별지 제16호서식의 전기안전관리자 선임(해임) 신고서에 전기안전관리대행계약서 사본(선임 신고의 경우만 해당한다)을 첨부하여 선임 또는 해임한 날부터 30일 이내에 전력기술인단체에 제출해야 한다.

③ 안전공사 및 대행사업자는 소속 기술인력이 담당하는 전기설비가 변경된 경우에는 별지 제17호서식의 기술인력별 전기설비담당 현황을 그 변경이 있는 날부터 30일 이내에 전력기술인단체에 통보

해야 한다.

④ 전력기술인단체는 제1항 또는 제2항에 따라 신고를 한 자가 전기안전관리자 선임(해임)신고증명서의 발급을 요구하면 지체 없이 별지 제18호서식 또는 별지 제19호서식의 전기안전관리자 선임(해임)신고증명서를 발급해야 한다.

제35조(전기안전관리자의 선임신고사항 변경신고 등) ① 법 제23조제1항 후단에서 "기후에너지환경부령으로 정하는 사항"이란 전기사업자나 자가용전기설비 소유자 또는 점유자에 관한 다음 각 호의 사항을 말한다. 〈개정 2025. 10. 1.〉

1. 회사명 또는 상호
2. 대표자 성명
3. 전기설비 설치장소의 주소
4. 전기설비의 용량 또는 전압

② 법 제23조제1항 후단에 따라 전기안전관리자의 선임신고사항의 변경신고를 하려는 자는 별지 제20호서식의 전기안전관리자 선임신고사항 변경신고서에 그 변경사항을 증명할 수 있는 서류를 첨부하여 변경사유가 발생한 날부터 30일 이내에 전력기술인단체에 제출해야 한다.

③ 전력기술인단체는 제2항에 따른 변경신고를 한 자가 변경신고증명서의 발급을 요청하면 지체 없이 별지 제18호서식 또는 별지 제19호서식의 전기안전관리자 변경신고증명서를 발급해야 한다.

제36조(전기설비 안전관리에 관한 기록의 작성 및 보존 등) ① 법 제24조제3항에 따라 전기안전관리자는 전기설비의 안전관리에 관한 다

음 각 호에 해당하는 사항의 기록을 작성하여 4년간 보존해야 한다.

1. 제30조제2항제1호에 따른 안전교육의 실시에 관한 사항

2. 제30조제2항제2호에 따른 전기설비의 안전관리를 위한 확인·점검의 내용 및 결과에 관한 사항

3. 제30조제2항제7호에 따른 전기설비의 일상점검·정기점검·정밀점검의 절차, 방법 및 기준에 관한 안전관리규정에 관한 사항

4. 제30조제2항제8호에 따른 전기재해의 예방 및 피해방지를 위한 응급조치로서 전기설비에 대한 수리·개조·보수 등 안전조치에 관한 사항

② 법 제24조제3항에 따라 전기안전관리자는 정기검사를 받는 때에 제1항에 따른 전기설비의 안전관리에 관한 기록을 안전공사에 제출해야 한다. 다만, 법 제38조제1항에 따른 전기안전종합정보시스템에 매월 1회 이상 안전관리를 위한 확인·점검 결과 등을 입력한 경우에는 제출하지 않을 수 있다.

제37조(전기안전관리자 등의 교육) ① 법 제25조제1항에 따른 전기안전교육을 받으려는 자는 다음 각 호의 구분에 따른 전기안전교육을 받아야 한다. 〈개정 2022. 4. 22.〉

1. 법 제22조제1항부터 제4항까지의 규정에 따라 선임된 전기안전관리자(제22조제3항에 따른 안전공사 및 대행사업자는 그 소속 기술인력을 말한다): 별표 11에 따른 전기안전교육

2. 「전기공사업법」 제17조에 따른 시공관리책임자: 별표 12에 따른 전기안전교육

② 다음 각 호의 교육과정으로서 기후에너지환경부장관이 인정하

는 교육과정을 마친 경우에는 제1항 각 호에서 정한 범위의 전기안전교육을 받은 것으로 본다. 〈신설 2022. 4. 22., 2025. 10. 1.〉

1. 전기 관련 기관이 제1항 각 호의 교육내용을 포함하여 실시하는 교육

2. 신재생에너지 관련 국제기구에서 인증한 교육

③ 제2항제2호의 교육을 이수한 전기안전관리자가 전기안전교육의 전부 또는 일부를 받은 것으로 인정받으려는 경우에는 영 제17조제4항 및 제5항에 따라 전기안전교육 업무를 위탁받은 전력기술인단체 및 공사업자단체(이하 이 조에서 "교육업무수탁단체"라 한다)의 장 또는 전기 관련 기관의 장에게 해당 교육을 수료했음을 증명하는 서류를 제출해야 한다. 〈신설 2022. 4. 22.〉

④ 교육업무수탁단체의 장과 전기 관련 기관의 장은 제1항에 따른 전기안전교육을 수료한 전기안전관리자 또는 시공관리책임자가 전기안전교육 수료증의 발급을 요청하면 별지 제21호서식의 전기안전교육 수료증을 지체 없이 발급해야 한다. 〈개정 2022. 4. 22.〉

⑤ 교육업무수탁단체의 장 또는 전기 관련 기관의 장은 다음 각 호의 구분에 따라 해당 호에서 정한 자료를 다음 해 1월 31일까지 기후에너지환경부장관에게 보고해야 한다. 〈개정 2022. 4. 22., 2025. 10. 1.〉

1. 교육업무수탁단체의 장: 제1항에 따른 전기안전교육의 실적 및 수료자 명단과 제3항에 따라 전기안전교육의 전부 또는 일부를 받은 것으로 인정된 사람의 명단

2. 전기 관련 기관의 장: 제2항제1호에 따른 전기안전교육 실적

및 수료자 명단과 제3항에 따라 전기안전교육의 전부 또는 일부를 받은 것으로 인정된 사람의 명단

제38조(전기안전관리업무를 전문으로 하는 자 등의 등록 등) ① 법 제26조제1항제1호 또는 제2호에 따라 법 제22조제2항제1호에 따른 전기안전관리를 전문으로 하는 자 또는 법 제22조제2항제2호에 따른 시설물관리를 전문으로 하는 자로서 전기안전관리업무를 위탁받으려는 자는 별지 제22호서식의 등록신청서에 다음 각 호의 서류를 첨부하여 기후에너지환경부장관에게 등록해야 한다. 〈개정 2025. 10. 1.〉

1. 자본금을 증명할 수 있는 서류

2. 소속 기술인력의 실무경력을 확인할 수 있는 서류 또는 「전력기술관리법 시행규칙」 제8조제3항에 따른 전력기술인경력확인서

3. 장비명세서

② 제1항에 따른 신청을 받은 기후에너지환경부장관은 「전자정부법」 제36조제1항에 따른 행정정보의 공동이용을 통하여 다음 각 호의 서류를 확인해야 한다. 다만, 신청인이 제1호의 사업자등록증 확인에 동의하지 않는 경우에는 신청인이 직접 사업자등록증 사본을 첨부해야 한다. 〈개정 2025. 10. 1.〉

1. 사업자등록증

2. 법인 등기사항증명서(법인인 경우만 해당한다)

③ 법 제26조제1항제3호에 따라 대행사업자로서 안전관리업무를 대행하려는 자는 별지 제22호서식의 등록신청서에 제1항 각 호의 서류를 첨부하여 시·도지사에게 등록해야 한다.

④ 법 제26조제1항제4호에 따라 개인대행자로서 안전관리업무를 대행하려는 사람은 별지 제22호서식의 등록신청서에 다음 각 호의 서류를 첨부하여 시ㆍ도지사에게 등록해야 한다. 이 경우 등록 신청을 받은 시ㆍ도지사는 「전자정부법」 제36조제1항에 따른 행정정보의 공동이용을 통하여 신청인의 사업자등록증을 확인해야 하며, 신청인이 확인에 동의하지 아니하는 경우에는 사업자등록증 사본을 첨부하도록 해야 한다.

1. 실무경력을 확인할 수 있는 서류 또는 「전력기술관리법 시행규칙」 제8조제3항에 따른 전력기술인경력확인서

2. 장비명세서

⑤ 법 제26조제3항에 따른 등록증은 별지 제23호서식에 따른다.

제39조(변경등록 등) 제38조에 따라 등록을 한 자는 다음 각 호의 어느 하나에 해당하는 사항이 변경된 경우에는 별지 제22호서식의 변경등록신청서에 그 변경사항을 증명할 수 있는 서류를 첨부하여 기후에너지환경부장관, 시ㆍ도지사 또는 영 제17조제4항제2호에 따른 업무를 위탁받은 전력기술인단체에 제출해야 한다. 〈개정 2025. 10. 1.〉

1. 회사명 또는 상호

2. 주된 사무소ㆍ영업소 또는 출장소의 소재지

3. 대표자

4. 전기안전관리를 전문으로 하는 자, 시설물관리를 전문으로 하는 자 및 대행사업자의 소속 기술인력

제40조(등록취소 및 업무정지 처분의 기준 등) 법 제27조제2항에

따른 전기안전관리업무를 전문으로 하는 자, 시설물관리를 전문으로 하는 자, 대행사업자 또는 개인대행자에 대한 등록취소 및 업무정지 처분의 기준은 별표 13과 같다.

제41조(재난예방점검비용의 결정) ① 안전공사는 「재난 및 안전관리 기본법」에 따라 안전공사가 시행하는 재난예방을 위한 안전점검, 재난발생 시 응급조치 및 피해복구에 필요한 비용을 별지 제24호서식의 재난예방점검비용 지급신청서에 다음 각 호의 자료를 첨부하여 중앙행정기관 또는 지방자치단체에 신청해야 한다.

1. 사업의 목적과 내용을 적은 서류
2. 사업수행에 필요한 비용과 그 산출근거에 관한 설명서

② 안전공사가 제1항의 재난예방점검비용을 산정할 때에는 소방본부장 또는 소방서장이 화재 등 재난발생의 위험이 특히 높다고 판단하여 안전공사에 점검을 요청하여 실시하는 점검에 드는 비용은 재난예방점검비용으로 산정하지 않을 수 있다.

제42조(보고) ① 법 제39조제1항에 따라 시·도지사, 시장·군수·구청장, 안전공사 및 전기판매사업자가 기후에너지환경부장관에게 보고해야 할 사항 및 기한은 별표 14와 같다. 〈개정 2025. 10. 1.〉

② 법 제39조제2항에 따라 전력기술인단체가 시·도지사에게 보고해야 할 사항 및 기한은 별표 15와 같다.

제43조(중대한 사고의 통보·조사) ① 법 제40조제1항 및 같은 조 제2항에서 "기후에너지환경부령으로 정하는 중대한 사고"란 별표 16 제1호에 따른 사고를 말한다. 〈개정 2025. 10. 1.〉

② 법 제40조제1항 및 제2항에 따라 전기사업자, 자가용전기설비

의 소유자 또는 점유자와 한국전력거래소는 별표 16 제2호에 따른 통보의 방법에 따라 중대한 사고가 발생한 사실을 기후에너지환경부장관에게 통보해야 한다. 〈개정 2025. 10. 1.〉

③ 법 제40조제3항제2호에 따라 기후에너지환경부장관이 지정하여 사고조사를 하게 할 수 있는 자는 비영리법인인 전기 관련 기관 또는 단체로서 별표 17에 따른 지정요건을 갖춘 자로 한다. 〈개정 2025. 10. 1.〉

제44조(수수료 등) 법 제42조제1항에 따른 수수료와 같은 조 제2항에 따른 교육비는 별표 18에서 정하는 기준에 따라 산정한다.

제45조(민간위탁 수탁단체의 지정) 영 제17조제4항 및 제5항에서 "기후에너지환경부령으로 정하는 요건"이란 다음 각 호의 구분에 따른 요건을 말한다. 〈개정 2025. 10. 1.〉

1. 법 제25조제1항제1호 및 제2호에 따른 전기안전교육 업무의 수탁단체 요건

가. 교육실시에 필요한 조직과 인력을 갖추고 있을 것

나. 실습교육에 필요한 시설과 장비를 갖추고 있을 것

다. 별표 11 및 별표 12에 따른 교육과정을 개설하고 있을 것

2. 법 제26조제2항에 따른 전기안전관리업무를 전문으로 하는 자, 시설물관리를 전문으로 하는 자 및 대행사업자의 변경등록(변경사항이 기술인력인 경우만 해당한다) 업무의 수탁단체 요건

가. 변경등록업무에 필요한 조직과 인력을 갖추고 있을 것

나. 변경등록업무에 필요한 전산장비 등 시설장비를 갖추고 있을 것

다. 변경등록업무에 필요한 업무규정을 갖추고 있을 것

제46조(위반행위별 처분기준과 과징금 부과기준) 법 제44조제4항에 따라 전력기술인단체 및 공사업자단체에 대한 위반행위별 처분기준과 과징금 부과기준은 별표 19와 같다.

제47조(규제의 재검토) ① 기후에너지환경부장관은 제30조에 따른 전기안전관리자의 자격 및 직무 범위에 대하여 2020년 1월 1일을 기준으로 3년마다(매 3년이 되는 해의 기준일과 같은 날 전까지를 말한다) 그 타당성을 검토하여 개선 등의 조치를 해야 한다. 〈개정 2025. 10. 1.〉

② 기후에너지환경부장관은 다음 각 호의 사항에 대하여 다음 각 호의 기준일을 기준으로 2년마다(매 2년이 되는 해의 기준일과 같은 날 전까지를 말한다) 그 타당성을 검토하여 개선 등의 조치를 해야 한다. 〈개정 2025. 10. 1.〉

1. 제5조에 따른 부득이한 공사 신고 시의 제출서류 및 준수사항: 2021년 1월 1일

2. 제7조제1항 및 제2항에 따른 자가용전기설비의 임시사용 허용기준 및 기간: 2021년 1월 1일

3. 제34조제1항 및 제2항에 따른 전기안전관리자의 선임 및 해임 신고 시의 제출서류 및 신고기한: 2021년 1월 1일

부칙 〈제415호, 2021. 4. 1.〉

제1조(시행일) 이 규칙은 공포한 날부터 시행한다. 다만, 제27조는 2028년 4월 1일부터 시행하고, 제33조 및 별표 10은 2022년 4월

1일부터 시행한다.

제2조(전기안전관리업무의 대행규모에 관한 적용례) 제26조는 이 규칙 시행 후 전기안전관리업무 대행계약을 새로 체결하는 경우부터 적용한다.

제3조(자가용전기설비 공사계획의 신고에 관한 적용례) 별표 1 제2호가목에 따른 전기수용설비 설치공사로서 설비용량 1천킬로와트 미만 수용설비의 구내배전설비 설치공사에 대한 공사계획의 신고는 2021년 7월 1일 이후에 시작하는 공사부터 적용한다.

제4조(연료전지 발전설비의 사용전검사에 관한 적용례) 별표 3 제10호가목에 따른 연료전지발전소에 관한 공사로서 100킬로와트 초과 연료전지 발전설비의 설치공사 또는 변경공사에 대한 사용전검사는 2022년 4월 1일 이후 시작하는 공사부터 적용한다.

제5조(농어촌민박사업 시설에 설치된 일반용전기설비에 대한 정기점검 등에 관한 특례) 이 규칙 시행 전에 사용전점검 또는 정기점검을 한 「농어촌정비법」 제2조제16호라목에 따른 농어촌민박사업 시설의 전기설비는 다음 각 호의 구분에 따라 제12조제1항제1호에 따른 정기점검을 해야 한다.

1. 이 규칙 시행 당시 사용전점검 또는 정기점검을 한 후 1년이 지나지 않은 경우: 1년이 되는 날이 속하는 달의 전후 2개월 이내

2. 이 규칙 시행 당시 사용전점검 또는 정기점검을 한 후 1년이 지난 경우: 이 규칙 시행일부터 2개월 이내

제6조(일반적 경과조치) 이 규칙 시행 당시 종전의 「전기사업법 시행규칙」에 따른 결정 · 처분 · 절차, 그 밖의 행위는 이 규칙에 따라

행하여진 것으로 본다.

제7조(다른 법령의 개정) ① 광산안전법 시행규칙 일부를 다음과 같이 개정한다.

별표 3 비고 제8호가목 중 "「전기사업법」 제73조제3항제3호"를 "「전기안전관리법」 제22조제3항제3호"로 하고, 같은 호 나목 중 "「전기사업법」 제73조제3항제1호 및 제2호"를 "「전기안전관리법」제22조제3항제1호 및 제2호"로 한다.

② 에너지법 시행규칙 일부를 다음과 같이 개정한다.

별지 제4호서식의 예외지급 사유란 중 "「전기사업법 시행령」 제42조의3제4항제8호가목"을 "「전기안전관리법 시행령」 제7조제4항제8호가목"으로 한다.

③ 액화석유가스의 안전관리 및 사업법 시행규칙 일부를 다음과 같이 개정한다.

별표 4 제1호가목10)바)(1) 중 "「전기사업법」 제63조"를 「전기안전관리법」 제9조"로 한다.

④ 전력기술관리법 시행규칙 일부를 다음과 같이 개정한다.

제33조제2항 중 "「전기사업법」 제73조제3항제2호"를 "「전기안전관리법」 제22조제3항제2호"로 한다.

제8조(다른 법령과의 관계) 이 규칙 시행 당시 다른 법령에서 종전의 「전기사업법 시행규칙」의 규정을 인용하고 있는 경우 이 규칙 중 그에 해당하는 규정이 있으면 종전의 「전기사업법 시행규칙」의 규정을 갈음하여 이 규칙의 해당 규정을 인용한 것으로 본다.

부칙 〈제448호, 2022. 1. 21.〉 (고압가스 안전관리법 시행규칙 등 36개 산업통상자원부령 일부개정령)

이 규칙은 공포한 날부터 시행한다.

부칙 〈제464호, 2022. 4. 22.〉

제1조(시행일) 이 규칙은 공포한 날부터 시행한다. 다만, 다음 각 호의 사항은 해당 호에서 정한 날부터 시행한다.

1. 제6조제2항 각 호 외의 부분 본문, 제25조제3항제3호, 제26조제1호나목 및 다목, 제26조제2호나목 및 다목, 별표 3 제6호 및 제7호와 별표 8 비고 제4호가목의 개정규정: 공포 후 1년이 경과한 날

2. 별표 4 제1호(5) 및 제2호나목의 개정규정: 2023년 1월 1일

제2조(사용전검사에 관한 적용례) ① 제6조제2항 각 호 외의 부분 본문, 별표 3 제6호나목 및 제7호의 개정규정은 부칙 제1조제1호에 따른 시행일 이후 자가용 전기설비 공사계획의 인가를 신청하거나 신고하는 경우부터 적용한다.

② 제6조제5항 단서, 같은 항 제5호 및 별지 제4호서식의 개정규정은 이 규칙 시행 이후 자가용 전기설비 공사계획의 인가를 신청하거나 신고하는 경우부터 적용한다.

제3조(정기검사에 필요한 서류 등에 관한 적용례) 제8조제5항 단서, 같은 항 제1호, 제2호 및 별지 제6호서식의 개정규정은 이 규칙 시행 이후 정기검사를 신청하는 경우부터 적용한다.

제4조(전기안전관리업무의 대행범위에 관한 적용례) ① 제26조제1호나목 및 제2호나목의 개정규정은 부칙 제1조제1호에 따른 시행일

이후 전기안전관리업무의 대행계약을 체결·갱신 또는 연장하는 경우부터 적용한다.

② 별표 9 제1호다목의 개정규정은 이 규칙 시행 이후 전기안전관리업무의 대행계약을 체결·갱신 또는 연장하는 경우부터 적용한다.

제5조(공사감리의 발주에 관한 적용례) 제30조제2항제6호다목의 개정규정은 이 규칙 시행 이후 법 제8조 및 「전기사업법」 제61조에 따라 전기설비 공사계획의 인가를 신청하거나 신고하는 경우부터 적용한다.

제6조(전기안전교육 이수 간주에 관한 적용례) 제37조제2항제2호의 개정규정은 이 규칙 시행 이후 전기안전관련 국제기구에서 인증한 교육과정을 마친 경우부터 적용한다.

제7조(자가용 전기설비 공사계획의 인가 및 신고에 관한 적용례) 별표 1 제1호가목 및 나목의 개정규정은 이 규칙 시행 이후 자가용 전기설비 공사계획의 인가를 신청하거나 신고하는 경우부터 적용한다.

제8조(발전설비의 정기검사에 관한 특례) ① 이 규칙 시행 당시 종전의 규정에 따라 사용전검사 또는 정기검사를 받은 사업용 풍력발전설비의 소유자 또는 점유자는 별표 4 제1호(4)의 개정규정에도 불구하고 다음 각 호의 구분에 따라 정기검사를 받아야 한다.

1. 이 규칙 시행 당시 사용전검사 또는 정기검사를 받은 후 3년이 경과한 경우: 이 규칙 시행일부터 6개월 이내

2. 이 규칙 시행 당시 사용전검사 또는 정기검사를 받은 후 3년이 경과하지 않은 경우: 3년이 되는 날부터 6개월 이내

② 이 규칙 시행 당시 종전의 규정에 따라 사용전검사 또는 정기

검사를 받은 사업용 태양광발전설비의 소유자 또는 점유자는 별표 4 제1호(5)(나)의 개정규정에도 불구하고 다음 각 호의 구분에 따라 정기검사를 받아야 한다.

1. 이 규칙 시행 당시 사용전검사 또는 정기검사를 받은 후 2년이 경과한 경우: 이 규칙 시행일부터 6개월 이내

2. 이 규칙 시행 당시 사용전검사 또는 정기검사를 받은 후 2년이 경과하지 않은 경우: 2년이 되는 날부터 6개월 이내

③ 이 규칙 시행 당시 송전선로·변전소를 설치하여 운영 중인 신재생에너지 발전사업자는 다음 각 호의 구분에 따라 정기검사를 받아야 한다.

1. 이 규칙 시행 당시 사업개시일로부터 4년이 경과한 경우: 이 규칙 시행일부터 6개월 이내

2. 이 규칙 시행 당시 사업개시일로부터 4년이 경과하지 않은 경우: 4년이 되는 날부터 6개월 이내

④ 이 규칙 시행 당시 75킬로와트 미만의 비상용 예비발전설비를 설치하여 운영 중인 자가용전기설비의 소유자 또는 점유자는 다음 각 호의 구분에 따라 정기검사를 받아야 한다.

1. 정기검사 대상 수용설비와 동일 장소에 설치된 경우: 수용설비 검사 시

2. 정기검사 대상 수용설비와 동일 장소에 설치되지 않은 경우: 이 규칙 시행일부터 1년 이내

부칙 〈제471호, 2022. 6. 22.〉

이 규칙은 2022년 6월 22일부터 시행한다.

부칙 〈제494호, 2022. 12. 21.〉

이 규칙은 공포한 날부터 시행한다. 다만, 산업통상자원부령 제464호 전기안전관리법 시행규칙 일부개정령 별표 4 제1호(5)(나)의 개정규정은 2023년 1월 1일부터 시행한다.

부칙 〈제507호, 2023. 4. 19.〉

이 규칙은 2023년 4월 19일부터 시행한다.

부칙 〈제531호, 2023. 12. 6.〉

제1조(시행일) 이 규칙은 2024년 7월 1일부터 시행한다.

제2조(무정전전원장치 공사계획의 인가 또는 신고 등에 관한 적용례) 별표 1부터 별표 3까지의 개정규정은 이 규칙 시행 이후 무정전전원장치에 관한 공사계획의 인가를 신청하거나 신고하는 경우부터 적용한다.

제3조(무정전전원장치의 정기검사에 관한 특례) 이 규칙 시행 당시 이미 설치되었거나 설치공사 중인 무정전전원장치는 별표 4의 개정규정에도 불구하고 다음 각 호의 구분에 따라 정기검사를 받아야 한다.

1. 이 규칙 시행 당시 이미 설치된 무정전전원장치의 경우: 이 규칙 시행일부터 1년 이내

2. 이 규칙 시행 당시 설치공사 중인 무정전전원장치의 경우: 준

공일부터 1년 이내

부칙 〈제539호, 2023. 12. 20.〉

제1조(시행일) 이 규칙은 공포한 날부터 시행한다.

제2조(정기검사에 관한 적용례) 별표 4의 개정규정은 이 규칙 시행 이후 정기검사를 신청하는 전기설비의 경우부터 적용한다.

제3조(전기안전관리업무의 대행범위 결정을 위한 가중치 산출방법에 관한 적용례) 별표 9 비고 제2호의 개정규정은 이 규칙 시행 이후 전기안전관리업무의 대행계약을 체결·갱신 또는 연장하는 경우부터 적용한다.

부칙 〈제562호, 2024. 6. 25.〉

제1조(시행일) 이 규칙은 공포한 날부터 시행한다. 다만, 제24조제1항의 개정규정은 공포 후 6개월이 경과한 날부터 시행한다.

제2조(안전등급 지정 대상에 관한 적용례) 제24조제1항의 개정규정은 이 규칙 시행 이후 정기검사를 실시하는 전기설비부터 적용한다.

제3조(전기안전관리업무의 대행범위에 관한 적용례) 제26조제1호 및 제2호의 개정규정은 이 규칙 시행 이후 전기안전관리업무의 대행계약을 체결·갱신 또는 연장하는 경우부터 적용한다.

제4조(공동주택 세대에 설치된 자가용전기설비의 안전점검에 관한 경과조치) 이 규칙 시행 전에 종전의 제20조제1항에 따른 안전점검의 실시기간이 도래한 경우로서 이 규칙 시행 당시 그 기간이 종료하지 않은 공동주택의 세대에 설치된 자가용전기설비에 대해서는 제

20조제1항제1호의 개정규정에도 불구하고 종전의 규정에 따라 안전점검을 실시한다.

제5조(정기검사에 관한 경과조치) 이 규칙 시행 전에 설치된 태양광발전소의 부지 및 구조물에 대해서 이 규칙 시행 이후 최초로 정기검사를 실시하는 경우의 검사시기에 관하여는 별표 4의 개정규정에도 불구하고 종전의 규정에 따른다.

부칙 〈제605호, 2025. 4. 23.〉

제1조(시행일) 이 규칙은 공포한 날부터 시행한다. 다만, 산업통상자원부령 제415호 전기안전관리법 시행규칙 제27조의 개정규정은 2028년 4월 1일부터 시행한다.

제2조(태양광발전소 부지 및 구조물 재검사에 관한 적용례) 제8조제4항 단서의 개정규정은 이 규칙 시행 이후 정기검사를 받는 태양광발전소의 부지 및 구조물부터 적용한다.

부칙 〈제1호, 2025. 10. 1.〉 (기후에너지환경부와 그 소속기관 직제 시행규칙)

제1조(시행일) 이 규칙은 공포한 날부터 시행한다. 다만, 부칙 제6조에 따라 개정되는 부령 중 이 규칙 시행 전에 공포되었으나 시행일이 도래하지 아니한 부령을 개정한 부분은 각각 해당 부령의 시행일부터 시행한다.

제2조 부터 제5조까지 생략

제6조(다른 법령의 개정) ①부터 〈62〉까지 생략

〈63〉 전기안전관리법 시행규칙 일부를 다음과 같이 개정한다.

제3조제2항, 제35조제1항 각 호 외의 부분, 제43조제1항 및 제45조 각 호 외의 부분 중 "산업통상자원부령"을 각각 "기후에너지환경부령"으로 한다.

제4조제1항, 제6조제1항제3호, 같은 조 제3항제3호, 같은 조 제5항제5호, 제8조제1항 각 호 외의 부분 단서, 같은 조 제3항제2호, 같은 조 제5항제2호, 제9조제2항·제3항, 제12조제3항, 제13조의2제3항, 제18조제1항제1호·제2호, 제22조제1항 본문, 같은 조 제2항, 제23조제1항·제2항, 제24조제3항부터 제5항까지, 같은 조 제7항, 제25조제3항제3호, 제30조제3항, 제34조제1항 각 호 외의 부분, 제37조제2항 각 호 외의 부분, 같은 조 제5항 각 호 외의 부분, 제38조제1항 각 호 외의 부분, 같은 조 제2항 각 호 외의 부분 본문, 제39조 각 호 외의 부분, 제42조제1항, 제43조제2항·제3항, 제47조제1항 및 같은 조 제2항 각 호 외의 부분 중 "산업통상자원부장관"을 각각 "기후에너지환경부장관"으로 한다.

제12조제1항제1호차목 중 "통계청장"을 "국가데이터처장"으로 한다.

별표 2 제1호 인가신청·신고의 법 제8조제1항 전단의 제출대상기관란, 같은 호 인가신청·신고의 법 제8조제1항 전단·법 제8조제2항 전단의 첨부서류란 바목, 같은 호 변경인가신청·변경신고의 법 제8조제1항 후단의 제출대상기관란, 같은 호 변경인가신청·변경신고의 법 제8조제1항 후단·법 제8조제2항 후단의 첨부서류란 바목, 별표 5 그 밖의 항목의 점검기준 및 방법란, 별표 7 제1호 표 외의 부분, 별표 11 제3호가목, 별표 12 제3호가목 및 별표 14의 제목 중 "산업통상자원부장관"을 각각 "기후에너지환경부장관"으로 한다.

별지 제1호서식, 별지 제2호서식, 별지 제3호서식, 별지 제4호서식 앞쪽 첨부서류란 제5호, 별지 제6호서식 첨부서류란 제2호, 별지 제11호서식, 별지 제12호서식, 별지 제13호서식, 별지 제18호서식 수수료란, 별지 제22호서식, 별지 제23호서식, 별지 제25호서식, 별지 제26호서식, 별지 제27호서식, 별지 제28호서식, 별지 제29호서식 및 별지 제31호서식 중 "산업통상자원부장관"을 각각 "기후에너지환경부장관"으로 한다.

별지 제1호서식의 처리절차란, 별지 제2호서식의 처리절차란, 별지 제15호서식 뒤쪽의 개인정보의 수집·이용 및 제3자 제공·활용 동의서란 및 별지 제16호서식 뒤쪽의 개인정보의 수집·이용 및 제3자 제공·활용 동의서란 중 "산업통상자원부"를 각각 "기후에너지환경부"로 한다.

별지 제4호서식 앞쪽의 수수료란, 별지 제9호서식 앞쪽의 수수료란, 별지 제19호서식의 수수료란 및 별지 제22호서식의 수수료란 중 "산업통상자원부령"을 각각 "기후에너지환경부령"으로 한다.

산업통상자원부령 제415호 전기안전관리법 시행규칙 일부개정령 제27조 각 호 외의 부분 중 "산업통상자원부령"을 "기후에너지환경부령"으로 하고, 같은 조 제8호 중 "산업통상자원부장관"을 "기후에너지환경부장관"으로 한다.

〈64〉부터 〈98〉까지 생략

부칙 〈제6호, 2025. 11. 26.〉

이 규칙은 2025년 11월 28일부터 시행한다.

별표 / 서식

[별표 1] 자가용전기설비 공사계획의 인가 및 신고의 대상(제3조제1항 관련)

[별표 2] 자가용전기설비 공사계획의 인가신청·신고 방법(제4조 관련)

[별표 3] 사용전검사를 받는 시기(제6조제4항 관련)

[별표 4] 정기검사 대상 전기설비 및 시기(제8조제1항 및 제2항 관련)

[별표 5] 일반용전기설비의 점검기준 및 방법(제17조 관련)

[별표 6] 전기설비의 안전등급 기준(제24조제2항 관련)

[별표 7] 전기설비의 안전등급에 따른 검사·점검 시기의 조정기준(제24조제6항 관련)

[별표 8] 전기안전관리자의 선임기준 및 세부기술자격(제25조제2항 및 제30조 관련)

[별표 9] 전기안전관리업무의 대행 범위(제31조제2항 관련)

[별표 10] 전기안전관리자를 선임한 자가 보유해야 하는 장비(제33조 관련)

[별표 11] 전기안전관리자의 전기안전교육(제37조제1항제1호 관련)

[별표 12] 시공관리책임자의 전기안전교육(제37조제1항제2호 관련)

[별표 13] 안전관리업무를 전문으로 하는 자 등의 등록취소 및 업

[별지 제14호서식] 전기안전관리자의 직무대행자 지정서

[별지 제15호서식] 전기안전관리자(선임, 해임) 신고서

[별지 제16호서식] 전기안전관리자(선임, 해임) 신고서(안전공사, 대행사업자, 개인대행자)

[별지 제17호서식] 기술인력별 전기설비담당 현황

[별지 제18호서식] 전기안전관리자(선임신고, 해임신고, 변경신고) 증명서[상주, 위탁사업자(전기안전관리전문, 시설물관리전문)]

[별지 제19호서식] 전기안전관리자(선임신고, 해임신고, 변경신고) 증명서(안전공사, 대행사업자, 개인대행자)

[별지 제20호서식] 전기안전관리자 선임신고사항 변경신고서

[별지 제21호서식] 전기안전교육 수료증

[별지 제22호서식] [전기안전관리업무를 전문으로 하는 자, 시설물관리를 전문으로 하는 자, 전기안전관리대행사업자, 전기안전관리개인대행자 (등록신청서, 변경등록신청서)]

[별지 제23호서식] (전기안전관리업무를 전문으로 하는 자, 시설물관리를 전문으로 하는 자, 전기안전관리대행사업자, 전기안전관리개인대행자) 등록증

[별지 제24호서식] 재난예방점검비용 지급신청서

[별지 제25호서식] 전기안전에 관한 사항보고

[별지 제26호서식] 검사업무 실시 결과보고

[별지 제27호서식] 일반용전기설비 및 공동주택 등의 점검 결과보고

[별지 제28호서식] 여러 사람이 이용하는 시설의 전기안전점검 결과보고

[별지 제29호서식] 전기공급 정지 현황

[별지 제30호서식] 전기안전관리자의 선임 등에 관한 사항

[별지 제31호서식] 중대한 전기사고의 통보(상보)

대한민국 법령 시리즈 528

전기안전관리법

법 령 / 시 행 령 / 시 행 규 칙

2025년 12월 19일 인쇄　　정가 18,000원
2025년 12월 29일 발행

편　　저　편집부
디 자 인　송영미
발 행 인　조준형
발 행 처　해광출판사

http://www.hgbookpub.com
E-mail : munbookcokr@naver.com
주　　소　부산광역시 중구 해관로 41-1 (중앙동2가)
전화번호　(051) 253-0001　　팩스 (051) 245-1187

등　　록　제 2012-000005호

해광출판사에서는 여러분의 소중한 원고와 함께 할 기회를 기다리고 있습니다. 책으로 엮을 원고나 아이디어가 있으신 분들은 이메일 munbookcokr@naver.com로 책에 대한 간단한 개요와 원고 전체 또는 일부를 연락처와 함께 보내주십시오.

ISBN 979-11-6881-932-0

※ 법령 출처 : 법제처 국가법령정보센터
※ 본 도서는 〈공공데이터 제공 및 이용 활성화에 관한 법률〉을 근거로 출판되었습니다.

해광출판사 대한민국 법령 시리즈

001. 선원법
002. 어선법
003. 선박직원법
004. 해사안전기본법
005. 해양환경관리법
006. 선박의 입항 및 출항등에 관한 법률
007. 학교안전사고예방 및 보상에 관한 법률
008. 종합부동산세법
009. 방위사업법
010. 행정규제기본법
011. 식품산업진흥법
012. 위험물안전관리법
013. 화재의 예방 및 안전관리에 관한 법률
014. 도시가스사업법
015. 실내공기질관리법
016. 지방세법
017. 소득세법
018. 법인세법
019. 도선법
020. 선박안전법
021. 선박법
022. 수산업법
023. 고압가스안전관리법
024. 국민연금법
025. 공동주택관리법
026. 화학물질관리법
027. 어선원 및 어선 재해보상보험법
028. 장기등 이식에 관한 법률
029. 자연재해대책법
030. 공유재산 및 물품 관리법
031. 산업입지 및 개발에 관한 법률
032. 부정경쟁방지 및 영업비밀보호에 관한 법률
033. 금융지주회사법
034. 온실가스 배출권의 할당 및 거래에 관한 법률
035. 건축사법
036. 산림문화휴양에 관한 법률
037. 전기사업법
038. 사립학교법
039. 고등교육법
040. 액화석유가스의 안전관리 및 사업법
041. 선박투자회사법
042. 수산자원관리법
043. 위험물선박운송및저장규칙
044. 선박평형수관리법
045. 주택임대차보호법
046. 상가건물임대차보호법
047. 지방공기업법
048. 승강기안전관리법
049. 수목원·정원의 조성 및 진흥에 관한 법률
050. 민법
051. 치료감호 등에 관한 법률
052. 대부업 등의 등록 및 금융이용자 보호에 관한 법률
053. 사료관리법
054. 무형문화재 보전 및 진흥에 관한 법률
055. 총포·도검·화약류 등의 안전관리에 관한 법률
056. 경찰관직무집행법
057. 시설물의 안전 및 유지관리에 관한 특별법
058. 수산생물질병 관리법
059. 소비자기본법
060. 국제선박등록법
061. 정보통신망 이용촉진 및 정보보호 등에 관한 법률
062. 해운법
063. 농수산물 품질관리법
064. 수산업협동조합법
065. 해외건설촉진법
066. 수상레저안전법
067. 공무원재해보상법
068. 수상에서의 수색·구조 등에 관한 법률
069. 어촌어항법
070. 항만법
071. 항만운송사업법
072. 해양경비법
073. 해양사고의 조사 및 심판에 관한 법률
074. 외국인근로자의 고용 등에 관한 법률
075. 중소기업기본법
076. 자유무역지역의 지정 및 운영에 관한 법률
077. 대기환경보전법
078. 소음진동관리법
079. 폐기물관리법
080. 하수도법
081. 물환경보전법
082. 토양환경보전법
083. 환경정책기본법
084. 산업재해보상보험법
085. 관세법
086. 노동조합 및 노동관계조정법
087. 근로기준법
088. 군인연금법
089. 먹는물관리법
090. 기술보증기금법
091. 관광진흥법
092. 감염병의 예방 및 관리에 관한 법률
093. 사법경찰관리의 직무를 수행할 자와 그 직무범위에 관한 법률
094. 수의사법
095. 가정폭력방지 및 피해자보호 등에 관한 법률
096. 환경영향평가법
097. 체육시설의 설치 · 이용에 관한 법률
098. 장사 등에 관한 법률
099. 상호저축은행법
100. 은행법
101. 보호관찰 등에 관한 법률
102. 형법
103. 자동차관리법
104. 형사소송법
105. 전자금융거래법
106. 마약류 불법거래 방지에 관한 특례법
107. 도로법
108. 주세법
109. 변리사법
110. 하천법
111. 중소기업진흥에 관한 법률
112. 발달장애인 권리보장 및 지원에 관한 법률
113. 주택법
114. 장애인복지법
115. 농어업경영체 육성 및 지원에 관한 법률
116. 공인중개사법
117. 건강기능식품에 관한 법률
118. 예비군법
119. 개발제한구역의 지정 및 관리에 관한 특별조치법
120. 국유재산법
121. 주차장법
122. 환경기술 및 환경산업 지원법
123. 대기관리권역의 대기환경개선에 관한 특별법
124. 악취방지법
125. 미세먼지 저감 및 관리에 관한 특별법
126. 가축분뇨의 관리 및 이용에 관한 법률
127. 물의 재이용 촉진 및 지원에 관한 법률
128. 물관리기본법
129. 물관리기술 발전 및 물산업 진흥에 관한 법률
130. 자원의 절약과 재활용촉진에 관한 법률
131. 전기 · 전자제품 및 자동차의 자원순환에 관한 법률
132. 건설폐기물의 재활용촉진에 관한 법률
133. 수도권매립지관리공사의 설립 및 운영 등에 관한 법률
134. 폐기물의 국가 간 이동 및 그 처리에 관한 법률
135. 폐기물처리시설 설치촉진 및 주변지역지원 등에 관한 법률
136. 자원순환기본법
137. 잔류성오염물질 관리법
138. 환경분쟁 조정법

해광출판사 대한민국 법령 시리즈

139. 화학물질의 등록 및 평가 등에 관한 법률
140. 환경오염시설의 통합관리에 관한 법률
141. 환경오염피해 배상책임 및 구제에 관한 법률
142. 중소기업제품 구매촉진 및 판로지원에 관한 법률
143. 환경개선비용 부담법
144. 환경분야 시험·검사 등에 관한 법률
145. 환경친화적 산업구조로의 전환촉진에 관한 법률
146. 환경친화적 자동차의 개발 및 보급 촉진에 관한 법률
147. 환경범죄 등의 단속 및 가중처벌에 관한 법률
148. 생명윤리 및 안전에 관한 법률
149. 장애인차별금지 및 권리구제 등에 관한 법률
150. 부동산투자회사법
151. 정치자금법
152. 과학기술기본법
153. 대리점거래의 공정화에 관한 법률
154. 상속세 및 증여세법
155. 학원의 설립 · 운영 및 과외교습에 관한 법률
156. 해양심층수의 개발 및 관리에 관한 법률
157. 전기용품 및 생활용품 안전관리법
158. 사회기반시설에 대한 민간투자법
159. 공직선거법
160. 정당법
161. 유류오염손해배상 보장법
162. 부정청탁 및 금품등 수수의 금지에 관한 법률
163. 항로표지법
164. 어장관리법
165. 민방위기본법
166. 공직자윤리법
167. 선거관리위원회법
168. 유선 및 도선 사업법
169. 전기공사업법
170. 사회복지사업법
171. 택지개발촉진법
172. 국가공무원법
173. 민간임대주택에 관한 특별법
174. 어음법·수표법
175. 민사집행법
176. 상법
177. 문화예술진흥법
178. 중소기업협동조합법
179. 농업협동조합법
180. 도로교통법
181. 의료사고 피해구제 및 의료분쟁 조정 등에 관한 법률
182. 산림보호법
183. 소년법
184. 동물보호법
185. 건축물관리법
186. 도시개발법
187. 화물자동차 운수사업법
188. 도시 및 주거환경정비법
189. 의료법
190. 국회법
191. 응급의료에 관한 법률
192. 출입국관리법
193. 노인복지법
194. 산림자원의 조성 및 관리에 관한 법률
195. 청소년 보호법
196. 초 · 중등교육법
197. 혁신도시 조성 및 발전에 관한 특별법
198. 경제자유구역의 지정 및 운영에 관한 특별법
199. 공공기관의 운영에 관한 법률
200. 대한민국헌법
201. 국민기초생활 보장법
202. 저작권법
203. 가사소송법
204. 국가유공자 등 예우 및 지원에 관한 법률
205. 국민체육진흥법
206. 전통주 등의 산업진흥에 관한 법률
207. 재난 및 안전관리 기본법
208. 정보통신공사업법
209. 주식회사 등의 외부감사에 관한 법률
210. 공익사업을 위한 토지 등의 취득 및 보상에 관한 법률
211. 개인정보 보호법
212. 국세기본법
213. 에너지이용 합리화법
214. 감정평가 및 감정평가사에 관한 법률
215. 국가인권위원회법
216. 가맹사업거래의 공정화에 관한 법률
217. 보건의료기본법
218. 산업안전보건법
219. 법무사법
220. 교육공무원법
221. 특허법
222. 민사소송법
223. 아동복지법
224. 전파법
225. 하도급거래 공정화에 관한 법률
226. 기초연금법
227. 사립학교교직원 연금법
228. 직업안정법
229. 장애아동 복지지원법
230. 부동산등기법
231. 자동차손해배상 보장법
232. 철도안전법
233. 항공안전법
234. 전자상거래 등에서의 소비자보호에 관한 법률
235. 독점규제 및 공정거래에 관한 법률
236. 상표법
237. 채무자 회생 및 파산에 관한 법률
238. 공무원연금법
239. 축산법
240. 근로복지기본법
241. 민원 처리에 관한 법률
242. 약사법
243. 방문판매 등에 관한 법률
244. 건축기본법
245. 지방세기본법
246. 지방세징수법
247. 지방자치법
248. 도시교통정비 촉진법
249. 공공주택 특별법
250. 국세징수법
251. 공인노무사법
252. 중대재해 처벌 등에 관한 법률
253. 외무공무원법
254. 소방시설공사업법
255. 검역법
256. 공중위생관리법
257. 할부거래에 관한 법률
258. 인터넷 멀티미디어 방송사업법
259. 전기통신사업법
260. 제품안전기본법
261. 철도사업법
262. 어린이제품 안전 특별법
263. 영유아보육법
264. 원자력안전법
265. 보험업법
266. 경비업법
267. 교통안전법
268. 세무사법
269. 관세사법
270. 공인회계사법
271. 지방공무원법
272. 고용정책 기본법
273. 국가경찰과 자치경찰의 조직 및 운영에 관한 법률
274. 협동조합 기본법
275. 재해구호법
276. 환경보건법

해광출판사 대한민국 법령 시리즈

277. 자살예방 및 생명존중문화 조성을 위한 법률
278. 소방산업의 진흥에 관한 법률
279. 소방기본법
280. 비송사건절차법
281. 자연환경보전법
282. 변호사법
283. 기업구조조정투자회사법
284. 전기통신기본법
285. 에너지법
286. 해양생태계의 보전 및 관리에 관한 법률
287. 사회보장기본법
288. 통신비밀보호법
289. 공증인법
290. 물류시설의 개발 및 운영에 관한 법률
291. 청소년활동 진흥법
292. 형의 집행 및 수용자의 처우에 관한 법률
293. 도시공원 및 녹지 등에 관한 법률
294. 태권도 진흥 및 태권도공원 조성 등에 관한 법률
295. 녹색건축물 조성 지원법
296. 우편법
297. 예금자보호법
298. 건설산업기본법
299. 금융회사의 지배구조에 관한 법률
300. 장애인활동 지원에 관한 법률
301. 언론중재 및 피해구제 등에 관한 법률
302. 국가재정법
303. 농지법
304. 게임산업진흥에 관한 법률
305. 정신건강증진 및 정신질환자 복지서비스 지원에 관한 법률
306. 디자인보호법
307. 의료기사 등에 관한 법률
308. 스마트도시 조성 및 산업진흥 등에 관한 법률
309. 내수면어업법
310. 한국주택금융공사법
311. 의료기기법
312. 유통산업발전법
313. 전통시장 및 상점가 육성을 위한 특별법
314. 여신전문금융업법
315. 해외자원개발 사업법
316. 산업교육진흥 및 산학연협력촉진에 관한 법률
317. 빈집 및 소규모주택 정비에 관한 특례법
318. 기업도시개발 특별법
319. 전력기술관리법
320. 국토기본법
321. 지하수법
322. 식품위생법
323. 광업법
324. 호스피스·완화의료 및 임종과정에 있는 환자의 연명의료결정에 관한 법률
325. 주식·사채 등의 전자등록에 관한 법률
326. 표시·광고의 공정화에 관한 법률
327. 골재채취법
328. 국민건강증진법
329. 새마을금고법
330. 여객자동차 운수사업법
331. 마리나항만의 조성 및 관리 등에 관한 법률
332. 한부모가족지원법
333. 국가를 당사자로 하는 계약에 관한 법률
334. 지방자치단체를 당사자로 하는 계약에 관한 법률
335. 축산물 위생관리법
336. 병역법
337. 음악산업진흥에 관한 법률
338. 국가균형발전 특별법
339. 첨단재생의료 및 첨단바이오의약품 안전 및 지원에 관한 법률
340. 공간정보의 구축 및 관리 등에 관한 법률
341. 공유수면 관리 및 매립에 관한 법률
342. 농수산물 유통 및 가격안정에 관한 법률
343. 아시아문화중심도시 조성에 관한 특별법
344. 신탁법
345. 자연공원법
346. 생활화학제품 및 살생물제의 안전관리에 관한 법률
347. 군인사법
348. 국제조세조정에 관한 법률
349. 낙동강수계 물관리 및 주민지원 등에 관한 법률
350. 주민등록법
351. 집합건물의 소유 및 관리에 관한 법률
352. 집단에너지사업법
353. 산림조합법
354. 반도체집적회로의 배치설계에 관한 법률
355. 자본시장과 금융투자업에 관한 법률
356. 담보부사채신탁법
357. 근로자퇴직급여 보장법
358. 국제과학비즈니스벨트 조성 및 지원에 관한 특별법
359. 수도법
360. 식품 등의 표시·광고에 관한 법률
361. 약관의 규제에 관한 법률
362. 인삼산업법
363. 종자산업법
364. 항공사업법
365. 건설기계관리법
366. 군형법
367. 궤도운송법
368. 기술의 이전 및 사업화 촉진에 관한 법률
369. 농수산물의 원산지 표시 등에 관한 법률
370. 담배사업법
371. 석유 및 석유대체연료 사업법
372. 가축전염병 예방법
373. 농어촌정비법
374. 식물신품종 보호법
375. 항공보안법
376. 중소기업창업 지원법
377. 군사법원법
378. 우주개발 진흥법
379. 해저광물자원 개발법
380. 산림복지 진흥에 관한 법률
381. 지능형 로봇 개발 및 보급 촉진법
382. 헌법재판소법
383. 옥외광고물 등의 관리와 옥외광고산업 진흥에 관한 법률
384. 혈액관리법
385. 국제항해선박 등에 대한 해적행위 피해예방에 관한 법률
386. 유료도로법
387. 독립유공자예우에 관한 법률
388. 신에너지 및 재생에너지 개발·이용·보급 촉진법
389. 신용정보의 이용 및 보호에 관한 법률
390. 출판문화산업 진흥법
391. 공항시설법
392. 국민 평생 직업능력 개발법
393. 아동·청소년의 성보호에 관한 법률
394. 방송법쉬
395. 신용보증기금법
396. 화장품법
397. 청소년 기본법
398. 인터넷주소자원에 관한 법률
399. 양곡관리법
400. 도로명주소법
401. 전자문서 및 전자거래 기본법
402. 산업기술의 유출방지 및 보호에 관한 법률
403. 국가기술자격법
404. 양식산업발전법
405. 산업기술혁신 촉진법
406. 새만금사업 추진 및 지원에 관한 특별법
407. 전자정부법
408. 지역 개발 및 지원에 관한 법률
409. 한국농어촌공사 및 농지관리기금법
410. 계량에 관한 법률
411. 기업활동 규제완화에 관한 특별조치법
412. 군에서의 형의 집행 및 군수용자의 처우에 관한 법률

해광출판사 대한민국 법령 시리즈

413. 규제자유특구 및 지역특화발전특구에 관한 규제특례법
414. 금융위원회의 설치 등에 관한 법률
415. 남녀고용평등과 일·가정 양립 지원에 관한 법률
416. 농어업인 삶의 질 향상 및 농어촌지역 개발촉진에 관한 특별법
417. 댐건설·관리 및 주변지역지원 등에 관한 법률
418. 국가유산수리 등에 관한 법률
419. 법원조직법
420. 보훈보상대상자 지원에 관한 법률
421. 부패방지 및 국민권익위원회의 설치와 운영에 관한 법률
422. 과학기술분야 정부출연연구기관 등의 설립·운영 및 육성에 관한 법률
423. 연구개발특구의 육성에 관한 특별법
424. 친환경농어업 육성 및 유기식품 등의 관리·지원에 관한 법률
425. 연안관리법
426. 영화 및 비디오물의 진흥에 관한 법률
427. 신용협동조합법
428. 방송통신발전 기본법
429. 범죄피해자 보호법
430. 가축 및 축산물 이력관리에 관한 법률
431. 국가표준기본법
432. 국가통합교통체계효율화법
433. 범죄인 인도법
434. 국가과학기술 경쟁력 강화를 위한 이공계지원 특별법
435. 국제경기대회 지원법
436. 금융혁신지원 특별법
437. 수자원의 조사·계획 및 관리에 관한 법률
438. 축산자조금의 조성 및 운용에 관한 법률
439. 소방시설 설치 및 관리에 관한 법률
440. 양성평등기본법
441. 축산계열화사업에 관한 법률
442. 수입식품안전관리 특별법
443. 대외무역법
444. 국가연구개발사업 등의 성과평가 및 성과관리에 관한 법률
445. 무역보험법
446. 기술사법
447. 광산안전법
448. 농약관리법
449. 농업·농촌 및 식품산업 기본법
450. 문화산업진흥 기본법
451. 부담금관리 기본법
452. 야생생물 보호 및 관리에 관한 법률
453. 한국은행법
454. 별정우체국법
455. 원양산업발전법
456. 콘텐츠산업 진흥법
457. 한국수출입은행법
458. 외국인투자 촉진법
459. 물류정책기본법
460. 전자서명법
461. 산업발전법
462. 산업표준화법
463. 소프트웨어 진흥법
464. 토지이용규제 기본법
465. 해수욕장의 이용 및 관리에 관한 법률
466. 정보통신 진흥 및 융합 활성화 등에 관한 특별법
467. 정보통신산업 진흥법
468. 지진·화산재해대책법
469. 소금산업진흥법
470. 위치정보의 보호 및 이용 등에 관한 법률
471. 외국법자문사법
472. 이러닝(전자학습)산업 발전 및 이러닝 활용 촉진에 관한 법률
473. 암관리법
474. 실용신안법
475. 가족관계의 등록 등에 관한 법률
476. 무인도서의 보전 및 관리에 관한 법률
477. 감사원법
478. 정보보호산업의 진흥에 관한 법률
479. 결혼중개업의 관리에 관한 법률
480. 공익신고자 보호법
481. 박물관 및 미술관 진흥법
482. 낚시 관리 및 육성법
483. 동산·채권 등의 담보에 관한 법률
484. 임금채권보장법
485. 국민투표법
486. 농림수산업자 신용보증법
487. 국가채권 관리법
488. 중소기업은행법
489. 식품안전기본법
490. 외국환거래법
491. 발명진흥법
492. 건설기술 진흥법
493. 기후위기 대응을 위한 탄소중립·녹색성장 기본법
494. 인체조직안전 및 관리 등에 관한 법률
495. 엔지니어링산업 진흥법
496. 신문 등의 진흥에 관한 법률
497. 식물방역법
498. 석탄산업법
499. 산업융합 촉진법
500. 비료관리법
501. 임업 및 산촌 진흥촉진에 관한 법률
502. 복권 및 복권기금법
503. 대규모유통업에서의 거래 공정화에 관한 법률
504. 뉴스통신 진흥에 관한 법률
505. 지능정보화 기본법
506. 자격기본법
507. 중소기업 기술혁신 촉진법
508. 국가공간정보 기본법
509. 농어업재해대책법
510. 방송광고판매대행 등에 관한 법률
511. 지식재산 기본법
512. 초고층 및 지하연계 복합건축물 재난관리에 관한 특별법
513. 해양 조사와 해양정보 활용에 관한 법률
514. 공간정보산업 진흥법
515. 공공기관의 정보공개에 관한 법률
516. 행정기본법
517. 해상교통안전법
518. 농어업재해보험법
519. 문화유산의 보존 및 활용에 관한 법률
520. 자연유산의 보존 및 활용에 관한 법률
521. 국토의 계획 및 이용에 관한 법률
522. 건축법
523. 국민건강보험법
524. 계엄법
525. 환경친화적 선박의 개발 및 보급 촉진에 관한 법률
526. 해양폐기물 및 해양오염퇴적물 관리법
527. 연안사고 예방에 관한 법률
528. 전기안전관리법
529. 의약품 등의 안전에 관한 규칙
530. 공공보건의료에 관한 법률
531. 군보건의료에 관한 법률
532. 농어촌 등 보건의료를 위한 특별조치법
533. 보호소년 등의 처우에 관한 법률
534. 국가를 당사자로 하는 소송에 관한 법률
535. 간호법
536. 국립묘지의 설치 및 운영에 관한 법률
537. 주류 면허 등에 관한 법률
538. 부가가치세법
539. 자율운항선박 개발 및 상용화 촉진에 관한 법률
540. 다중이용업소의 안전관리에 관한 특별법

*** 해광출판사의 법령 시리즈는 계속 발행 됩니다.**
**** 각 도서의 개정판은 인쇄일을 기준으로 제작 되었습니다.**